体育经济视角下

体育赞助竞争
效果研究：
赞助跟随的影响

王　虹　等◎著

吉林大学出版社

·长春·

图书在版编目（CIP）数据

体育经济视角下体育赞助竞争效果研究 ：赞助跟随
的影响 / 王虹等著. -- 长春：吉林大学出版社，
2021.4
　ISBN 978-7-5692-8163-7

　Ⅰ．①体… Ⅱ．①王… Ⅲ．①体育－赞助－市场竞争
－研究 Ⅳ.①G80-052

中国版本图书馆 CIP 数据核字(2021)第 068948 号

书　　名　体育经济视角下体育赞助竞争效果研究：赞助跟随的影响
　　　　　TIYU JINGJI SHIJIAO XIA TIYU ZANZHU JINGZHENG XIAOGUO YANJIU：ZANZHU GENSUI
　　　　　DE YINGXIANG

作　　者　王虹　胡波　沈曼莎　张永韬　著
策划编辑　黄忠杰
责任编辑　宋睿文
责任校对　张宏亮
装帧设计　品诚文化
出版发行　吉林大学出版社
社　　址　长春市人民大街 4059 号
邮政编码　130021
发行电话　0431-89580028/29/21
网　　址　http://www.jlup.com.cn
电子邮箱　jdcbs@jlu.edu.cn
印　　刷　四川科德彩色数码科技有限公司
开　　本　787mm×1092mm　1/16
印　　张　12.5
字　　数　206 千字
版　　次　2022 年 4 月　第 1 版
印　　次　2022 年 4 月　第 1 次
书　　号　ISBN 978-7-5692-8163-7
定　　价　45.00 元

前　言

　　赞助是利用提供金钱或物品的方式对某一特定活动或事件进行的投资，而所获得的回报则是活动事件所带来的商机（Meenaghan and Tony，1991）。赞助活动的战略价值在于能够达到企业提升品牌意识和品牌形象的战略目的（Keller，1998）。很多企业将赞助活动作为品牌战略的重要组成部分。Meenaghan（1993）甚至认为，赞助已经从企业营销的战术工具上升到企业战略的高度。

　　随着越来越多企业对赞助重视程度的提升，企业间关于赞助的竞争行为已不可避免并且日趋激烈。随着企业赞助竞争行为的日趋增多，事前的赞助竞争行为——"埋伏营销"（ambush marketing）已得到了越来越多学者的研究（Mazodier，2013；Jttner and Uta，2008），而事后的赞助竞争行为——"赞助跟随"却没有得到学者的重视。赞助跟随是指在竞争对手（被跟随企业）采取赞助行为后，作为应对，跟随企业采取的相对应的赞助行为。赞助跟随会对跟随企业的赞助效果产生什么影响？在什么条件下，赞助跟随会使跟随企业的赞助效果"事半功倍"？在什么条件下，赞助跟随会使跟随企业"为他人作嫁衣"——使竞争对手获得更好的赞助效果？赞助跟随影响消费者对跟随企业评价的心理机制是什么？还有什么其他因素会影响赞助跟随效果？这些问题还没有得到明确的答案，也没有研究进行系统的分析。本书以赞助为具体研究背景，以首因效应和近因效应为自变量，以非对称品牌关系与跟随定位为调节变量，以同化效应和对比效应为中介变量，通过实验法与调查法，对赞助跟随效果、重要影响因素和心理机制进行研究。本书通过六个研究探讨以上问题，具体如下：

　　第一，研究1着重探讨首因效应的直接影响。本部分重点分析首因效应对跟随品牌的品牌评价的影响。本部分运用情景实验法，验证了高低首因效应对跟随品牌的品牌评价的影响差异，发现与低首因效应相比，高首因效应更能提升跟随品牌的品牌评价。

第二，研究 2 重点研究了近因效应的直接影响。本部分重点分析近因效应对跟随品牌的品牌评价的影响。本部分运用情景实验法对假设进行验证，发现与低近因效应相比，高近因效应更能提升跟随品牌的品牌评价。

第三，研究 3 重点研究了首因效应与近因效应的交互情况。本部分研究首因效应与近因效应交互情况对跟随品牌的品牌评价的影响。运用情景实验法对假设进行验证，重新检验了 H1 与 H2，发现与高首因、高近因效应相比，高首因效应更能提升跟随品牌的品牌评价；与高首因效应相比，高首因、低近因效应更能提升跟随品牌的品牌评价；与高首因、低近因效应相比，低首因、高近因效应更能提升赞助跟随对跟随品牌的品牌评价。

第四，研究 4 重点探讨了非对称品牌关系在赞助跟随过程中起到的调节作用。研究 4 运用情景实验法，重复验证了研究 1、研究 2、研究 3 的假设，并验证了非对称品牌关系的调节作用，发现在强-弱联想型的非对称关系情况下，与低首因效应相比，高首因效应更能提升跟随品牌的品牌评价；在弱-强联想型的非对称关系情况下，与低首因效应相比，高首因效应不会显著提升跟随品牌的品牌评价；在强-弱联想型的非对称关系情况下，与低近因效应相比，高近因效应不能显著提升跟随品牌的品牌评价；在弱-强联想型的非对称关系情况下，与低近因效应相比，高近因效应更能提升跟随品牌的品牌评价。

第五，研究 5 重点研究了跟随定位的调节作用。研究 5 运用情景实验法，重复验证了研究 1、研究 2、研究 3、研究 4 的假设，并验证了跟随定位的调节作用，发现在跟随品牌采取高相似定位的情况下，与低首因效应相比，高首因效应更能提升跟随品牌的品牌评价；在跟随品牌采取低相似定位的情况下，与高首因效应相比，低首因效应更能提升跟随品牌的品牌评价。

第六，研究 6 重点研究了同化效应与对比效应的中介作用。研究 6 运用调查法，重复验证了研究 1、研究 2、研究 3、研究 4 和研究 5 的假设，并验证了同化效应与对比效应的中介作用。

本书具有以下研究创新：

第一是理论创新。本书具有两个理论创新点。首先，本书首次从消费者心理与行为角度，探寻了跟随的本质。本书发现，首因效应与近因效应的"矛盾博弈"是跟随的本质。作为一对矛盾的概念，跟随品牌的品牌评价到底是更趋近于竞争品牌留下的首因效应，还是更趋近于跟随品牌留下的近因效应，是跟随影响跟随品牌评价的本质及原理。其次，本书从赞助竞争的角度研究了赞助效果评价，发现先发赞助企业的赞助行为会影响后发赞助企业的赞助效果，结论丰富了赞助效果评价相关理论。

第二是研究视角创新。本书选择先发赞助企业与跟随赞助企业之间的关系作为研究赞助效果的视角，拓宽了赞助研究视野，增进了对企业赞助的全面认识。

第三是研究领域创新。本书首次将营销跟随理论引入赞助研究领域，丰富了赞助研究领域。

第四是实践应用创新。之前对于赞助效果评价的研究，都集中在研究赞助事件本身会对赞助企业产生什么样的影响。在此基础之上，本书以跟随企业为出发点，着重研究如何运用赞助跟随的方式，增加"赞助杠杆"，以较小的赞助投入获取较大的赞助效果。并且，赞助跟随也为后发企业或品牌劣势企业在短时间内以较小的代价得到较好的营销效果提供了实践建议。因此，本书对于广大的无法获取稀缺赞助资源且实力有限的企业、后发企业和品牌劣势企业而言具有较强的实践应用意义与创新价值。

作者

2021 年 1 月

目　录
Contents

第 1 章 绪 论

1.1 研究背景与问题

赞助是利用提供金钱或物品的方式对某一特定活动或事件进行的投资，而所获得的回报则是活动事件所带来的商机（Meenaghan and Tony，1991）。赞助活动的战略价值在于能够达到企业提升品牌意识和品牌形象的战略目的（Keller，1998）。很多企业将赞助活动作为品牌战略的重要组成部分。Meenaghan（1993）甚至认为，赞助已经从企业营销的战术工具，上升到企业战略的高度。

1.1.1 市场背景与问题

首先，与其他大众营销传播方式相比较，赞助越来越受到企业的关注。

大众营销传播包含四种工具：广告、销售促进、事件和公共关系（Kotler，2015）。以往占主导地位的广告传播的效果正在逐渐降低，大众对其余三种工具的重视程度正在逐渐增加。其中，赞助便是事件营销的主要形式。2016 年，在全球范围内，企业广告投入支出增速和其他市场推广支出增速分别为 4.3％和 4.0％，均低于企业赞助投入的增速。就未来一段时间的发展趋势来看，全球范围内的赞助支出增速将继续高于企业广告支出和其他营销传播支出增速，而企业对赞助关注程度的提升必将影响企业赞助投入的继续增加。

由此可见，企业赞助已被公认是与品牌利益相关者进行沟通的最强大媒介，并在各类营销传播方式中受到企业的广泛关注（Skildumreid and Grey，2014）。

其次，随着赞助愈发受到众多企业的重视，企业间的赞助竞争愈演愈烈。

从全球范围来看，企业赞助投入逐年增长。2019 年，全球企业赞助支出达到 611 亿美元，同比增长 4.5％，预计到 2024 年这一数字将达到 630 亿美元。① 由此可见，赞助正受到了众多企业的强烈关注。

其一，大量企业参与对优质赞助资源的争夺。据统计，一项国际级的赛事或事件，平均有 7.8 家来自全球的同行企业参与赞助竞争（Zaharia, et al.，2015）。一项国家级的赛事或事件，参与赞助竞争的企业更是达到 10 家以上。许多赛事或事件为了保证赞助质量和提升赞助吸引力，都要求独家赞助，这更增加了赞助竞争的激烈程度。其二，由于赞助热潮兴起时间不长，许多占据市场优势与品牌优势的强势企业，正通过其规模经济优势以及品牌优势抢占优质赞助资源。据统计，关注人数在 200 万以上的赛事或事件，其赞助权被行业市场占有率排名前 5 的企业取得概率是被其他企业取得概率的 3.5 倍（Smith，2010）。并且，据调查，85％的赞助权之间的更迭，也发生在行业市场占有率排名前 5 的企业之间。赞助已逐渐成为优势企业间的"强者游戏"，后发企业或者中小企业越来越难获得优质赞助资源。其三，营销效果不仅取决于赞助事件本身，还取决于赞助竞争。就算企业取得了优质赞助资源，也不能保证该企业能取得良好的赞助效果。例如，IEG 在 2016 年的独立研究显示，超过 60％的消费者确信 Coca-Cola（68％）、McDonald's（68％）和 Visa（66％）是 2010 年温哥华冬奥会的官方赞助商，而对 Procter & Gamble（27％）、General Electric（25％）、Samsung（24％）和 Panasonic（21％）等其他官方赞助商留有印象的消费者都没有超过 30％。参与调查的消费者认为，Coca-Cola、McDonald's 和 Visa 对 2006 年冬奥会的赞助令人印象深刻，所以 2010 年冬奥会的赞助商也是这三大品牌；同时，在 2010 年冬奥会上，虽然 Nike（美国队领奖服装）和 Polo Ralph Lauren（美国队开闭幕式服装）同是美国队的服装赞助商，但消费者对 Nike 的赞助意识为 52％，而对 Polo Ralph Lauren 只有 26％（IEG，2010）。从 2010 年冬奥会的情况来看，诸如 Polo Ralph Lauren 等品牌在进行大量的赞助支出投入后，并未得到预期的效果。

最后，作为赞助竞争的重要形式之一，赞助跟随现象越来越多，且赞助效果不一。

随着企业赞助竞争行为的日趋增多，事前的赞助竞争行为——"埋伏营

---

① 搜狐新闻：https://www.sohu.com/a/312008898_114977? scm=0.0.0.0.

销"（ambush marketing）已得到了越来越多学者的研究（Mazodier，2013；Jttner and Uta，2008），而事后的赞助竞争行为——"赞助跟随"却没有得到学者的重视。赞助跟随是指在竞争对手（被跟随企业）采取赞助行为后，作为应对，跟随企业采取的相对应的赞助行为。

我们发现，消费者对赞助跟随没有一个明确的评价。有的赞助跟随会使跟随企业"借势"获取额外的赞助效果；有的赞助跟随会使跟随企业成为竞争企业的"赞助背景"，在降低自身赞助效果的同时，提升了竞争企业的赞助效果。面对以上有趣的现象，我们不禁要问，是什么决定了赞助跟随中跟随企业的赞助效果？赞助跟随影响消费者对跟随企业评价的心理机制是什么？还有什么其他因素会影响赞助跟随效果？

赞助的灵活性（相较于战略决策，赞助属于企业经营的日常决策，会经常发生以及变化）、多样性（企业的赞助对象可以有很多）以及排他性（很多赞助企业会要求赞助对象签署排他协议）导致，与竞争对手的其他决策相比，很难事前预测与事前控制其赞助决策。在营销现实当中，企业面临的情况往往是竞争对手已经做出了某项赞助决策，而自身必须对竞争对手的赞助行为进行针对性的回应。从这个层面上来说，事后的赞助竞争行为——"赞助跟随"，比事前的赞助竞争行为——"埋伏营销"重要。因此，从这个层面上来说，怎样制订事后的赞助竞争行为——"赞助跟随"，就显得非常重要。

作为赞助对象，具有高品牌声誉、高品牌附加值的赛事、事件、组织是一种稀缺资源（Smith，2010）。能够获取这一类稀缺赞助资源的企业毕竟是很少的，许多企业无法获取。那么，在大多数企业无法获取此类赞助资源的情况下，企业应制订怎样的赞助策略，才能用较小的财力、物力获得较大的赞助效果，就是一个很具有现实意义的问题。

更重要的是，由于许多占据市场优势与品牌优势的强势企业在品牌端、广告宣传端、渠道端、客户维系端等传统营销传播端已积累了较大的优势，所以，后发企业或品牌劣势企业无法短时间在传统营销传播端与行业领导企业或品牌优势企业展开竞争。赞助由于进入门槛相对较低，影响相对较大，是后发企业或品牌劣势企业快速提升品牌价值与知名度的重要手段。赞助跟随作为一种有效的"赞助杠杆"，更能帮助后发企业或品牌劣势企业在短时间以较小的代价得到较好的营销效果（Zaharia，et al.，2015）。因此，针对后发企业或品牌劣势企业，从"降低营销成本，提升营销效果"的角度来说，赞助跟随是一个很具有现实意义的问题。

因此，本书从以上的现实问题出发，对赞助跟随进行系统研究。

1.1.2 理论背景与问题

本书的理论背景首先围绕跟随（following）展开。

第一是市场跟随。跟随作为一项重要的市场营销领域概念，在菲利普·科特勒的《营销管理》一书中就被正式界定。市场跟随者（market follower）是指安于次要地位，不热衷于挑战的企业（Kotler Philip, 2010）。在大多数情况下，企业更愿意采用市场跟随者战略。跟随者主要有以下三种跟随战略：一是紧密跟随。该战略突出"仿效"和"低调"。跟随企业在各个细分市场和市场营销组合方面尽可能仿效领先者，以至于有时会使人感到这种跟随者好像是挑战者。但是，它从不激进地冒犯领先者的领地，在刺激市场方面保持"低调"，避免与领先者发生直接冲突。有些甚至被看成是靠拾取主导者的残余谋生的寄生者。二是距离跟随。该战略突出在"合适地保持距离"。跟随企业在市场的主要方面，如目标市场、产品创新与开发、价格水平和分销渠道等方面都追随领先者，但仍与领先者保持若干差异，以形成明显的距离。它对领先者不构成威胁，又因其各自占有很小的市场份额而使领先者免受独占之指责。采取距离跟随策略的企业，可以通过兼并同行业中的一些小企业而发展自己的实力。三是选择跟随。该战略突出在选择"追随和创新并举"。跟随者在某些方面紧跟领先者，而在另一些方面又别出心裁。

第二是战略跟随。Shankar 和 Krishnamurthi（1998）认为，在某些情况下，后发者创造了一些非常成功的品牌，超越了先驱，但后发者超越先驱者的机制尚不清楚。为了识别这些机制，根据市场进入策略（开拓性、创新领域的后发者和非创新领域的后发者）的不同，创新的后发者通过享受更高的市场潜力和更高的重复购买率，可以创造一个可持续的优势。相比之下，非创新型后发公司面临较小的潜在市场、较低的重复购买率。与先锋相比，其营销效率较低（Kotler Philip, 2010）。

第三是品牌跟随。Shankar 和 Krishnamurthi（1999）研究了品牌进入的产品生命周期阶段，探究如何在控制市场秩序效应和时间之后通过品牌增长和市场反应影响其销售。学者开发了一个动态的品牌销售模型。其中，品牌增长和市场反应参数均根据生命周期的进入阶段而确定，即先锋、成长阶段进入者和成熟阶段进入者。生长阶段进入者比起先锋或成熟阶段进入者，能够更快地达到其渐近销售水平，并且不受竞争者扩散的伤害，对感知的产品质量具有更高的响应（Florack，Arnd，Scarabis and Martin，2006）。

综上所述，本书发现，跟随作为营销领域中一项重要的概念，学者对其的研究都集中在企业竞争战略和市场行为层面，还没有从消费者行为的角度来研究跟随是怎样作用于消费者心理与行为的。以往关于跟随的决策，企业决策者的决策依据更多的是市场与竞争对手的情况，还没有理论依据能够指导决策者从消费者心理与行为层面来制订跟随决策。本书认为，从消费者心理与行为层面来讲，跟随的核心是衬托。即是说，消费者对跟随双方的评价判断，是看"跟随企业衬托了被跟随企业"还是"被跟随企业衬托了跟随企业"。具体来说，就是看被消费者对跟随企业的评价是偏向于被跟随企业留下的首因效应，还是偏向于跟随企业留给消费者的近因效应。

其次，本书的理论背景围绕赞助效果评价展开。

第一是体育赞助营销效果评价。杨圣智（2003）在研究体育赞助营销效果评估时对程绍同（1998）的研究进行了总结，认为体育赞助营销效果评估最常见的有三种方式：①评估赞助商形象差异，即评估赞助体育活动前后消费者对赞助企业在形象上有何差异性；②评估销售量差异，即比较赞助前后同时期企业在产品销售量上的差异性；③评估媒体报道差异，即评估赞助活动期间有多少媒体播报与赞助企业相关的新闻，以及次数、时间和频率。

第二是影响赞助评估有效性因素。黄淑汝（1999）在程绍同（1998）研究的基础上，提出了五个衡量赞助评估有效性的因素，分别是企业形象的提升、对产品认知的增强、产品销售机会的创造、礼遇机会的获取以及满足个人目标或兴趣爱好。而蒋宜龙（1999）则提出，体育赞助营销效果评估方法有两种：①曝光率测量法，即通过媒体的收视率及计算现场观众人数，将赞助效益以量化的方式呈现给赞助商；②追踪测量法，即利用回忆及认知的方式来测量消费者对赞助企业的感受。

第三是赞助效果评价方法。汪玮琳和肖斌（2003）认为，赞助评估分为事前评估和事后评估。赞助经济效果的测量在赞助效果评估中占次要地位，而且没有特殊的测量方法。在理想状态下，赞助资金的比率与经济效果成反比，即赞助资金比率越小，赞助的经济效果越好。梁立君和李丹（2004）认为，赞助企业应关注赞助评估，而被赞助方也应该为赞助企业提供评估服务。赞助企业应委托第三方进行赞助评估，评估应是一个整体的评价框架，而不应该只是对赞助商形象效益、销售量以及媒体报道的评价。但是，他们并未指出怎样建立一个赞助效果评估的整体框架。梁立君和李丹（2004）提出了赞助营销效果评估框架的重构，在总结国内相关评估方法的基础上，从赞助营销风险控制流程出发，认为赞助营销效果评估是基于对赞助传播价值和赞助营销目标这两大环节的匹配程度以及实施效果的综合评价。

综上所述，本书发现，学术界对于赞助效果评价的研究都集中在赞助事件本身会对赞助企业产生什么影响，鲜有从赞助竞争的视角出发的，即竞争对手的赞助情况会怎样影响跟随企业的赞助效果。目前，鲜有理论依据能够指导决策者从赞助竞争的视角来制订赞助决策。本书引入首因效应与近因效应，认为赞助效果的评价不仅依赖于赞助本身带来的从赞助对象到赞助商的评价转移，还依赖于竞争企业赞助事件所带来的首因效应与后发赞助企业的赞助所带来的近因效应之间的比较。而这个比较机制，就是同化与对比效应。

第三，本书的理论背景围绕竞争战略定位问题展开。

定位（posion）最早由 Jack Trout 在 1969 年提出。在此基础上，1972年，Jack Trout 在论文《定位时代》中开创了定位理论。定位理论强调，通过在预期客户的头脑里给产品或品牌定位，确保产品或品牌在预期客户头脑里占据一个真正有价值的地位。为了适应竞争的需求，关于竞争的战略定位理论研究逐渐增多。其中，最具有现实指导意义的就是对菲利普·科特勒《营销管理》一书提到的企业四种市场竞争战略的定位分析研究。市场竞争战略定位强调企业在市场中的战略制定在消费者心中抢占怎样的独有心智与印象，从而获取竞争优势。

关于市场领导者定位，Brander 和 Spencer（1984）认为，市场领导者可以采取价格优势定位、产品优势定位和广告传播优势定位来维持自身地位。Gans 和 Stern（2003）认为，顾客感知定位（consumer perception position）可以实现市场领导并扩大领导优势。关于市场挑战者定位，Grossman 和 Helpman（1989）认为，通过采取创新（innovation）定位，在消费者心中树立创新者的形象，可以向消费者传递挑战者的信息。Hensmans（2003）认为，通过在消费者心中抢占后发进入者的形象，运用后发定位，可以有效地在消费者心中形成领导者与后发者对比，进而形成挑战者定位。关于市场补缺者定位，Shani 和 Chalasani（1992）认为，市场补缺者可以通过产品革新者定位来实现自身的补缺者定位。

　　跟随者主要有以下四种跟随定位：一是伪造者。伪造者完全复制领导者的产品和包装，在黑市或者通过地下经销商出售。二是克隆者。克隆者完全效仿领导者的产品、名称和包装，但会加以少许变动。三是模仿者。模仿者从领导者产品中复制一些东西，但是会在包装、广告、定价和选址等方面保持差异性。只要模仿者不展开强烈攻势，领导者就不会对此太过介意。四是改良者。改良者对领导者的产品进行调整和改良，可能会成为未来的挑战者。

　　综上所述，本书发现，以往关于竞争战略定位的研究相对静态，没有考虑到竞争对手定位情况的变化可能会对企业竞争情况造成的影响，也没有根据竞争对手定位情况的变化来动态制定自身的竞争战略定位。因此，本书以跟随定位为例，考虑被跟随企业竞争战略定位变化情况，依据被跟随企业竞争战略，提出跟随者的竞争战略定位——高相似定位与低相似定位，试图从动态竞争的角度对竞争战略定位的研究进行完善。

1.2　研究内容与目的

1.2.1　研究内容

　　本书着重研究赞助跟随对跟随品牌的品牌评价的影响，并探讨非对称品牌关系和跟随定位的调节作用以及对比效应和同化效应的中介作用。主要内容包含以下六个方面：

　　内容一：首因效应的直接影响。本部分重点分析首因效应对跟随品牌的品牌评价的影响。本部分运用情景实验法，选择台球用品品牌赞助斯诺克世界杯作为高首因效应刺激物，羽毛球用品品牌赞助全国青少年羽毛球锦标赛作为低首因效应刺激物。实验研究分为前测实验和正式实验两部分。前测实验对赞助匹配、赞助态度、赞助涉入度和首因效应高低等操控变量进行了检验，为正式实验做准备。正式实验在前测实验基础上增加跟随品牌的品牌评价测量，通过组间分析，验证了高低首因效应对跟随品牌的品牌评价的影响差异。

　　内容二：近因效应的直接影响。本部分重点分析近因效应对跟随品牌的品牌评价的影响。本部分运用情景实验法，选择体育用品品牌赞助上海马拉松作为高近因效应刺激物，体育用品品牌赞助全国游泳锦标赛作为低近因效应刺激物。实验研究分为前测实验和正式实验两部分。前测实验对赞助匹配、赞助态度、赞助涉入度和近因效应高低等操控变量进行了检验，为正式实验做准备。正式实验在前测实验基础上增加跟随品牌的品牌评价测量，通过组间分析，验证了高低近因效应对跟随品牌的品牌评价的影响差异。

内容三：首因效应与近因效应的交互情况。本部分研究首因效应与近因效应交互情况对跟随品牌的品牌评价的影响。本部分运用情景实验法，选择篮球用品品牌赞助男篮世界杯作为高首因效应刺激物，篮球用品品牌赞助男篮亚洲杯作为低首因效应刺激物，篮球用品品牌赞助奥运会男篮赛事作为高近因效应刺激物，篮球用品品牌赞助女篮世界杯作为低近因效应刺激物。实验研究分为前测实验和正式实验两部分。前测实验对赞助匹配、赞助态度、赞助涉入度和首因效应、近因效应高低等操控变量进行了检验，为正式实验做准备。正式实验在前测实验基础上增加跟随品牌的品牌评价测量，通过组间分析，重复验证了内容一与内容二的假设，并验证了首因效应与近因效应交互情况对跟随品牌的品牌评价的影响差异。

内容四：非对称品牌关系的调节作用。本部分研究非对称品牌关系在赞助跟随过程中起到的调节作用。本部分运用情景实验法，选择足球用品品牌赞助欧洲杯足球赛作为高首因效应刺激物，足球用品品牌赞助亚洲杯足球赛作为低首因效应刺激物，足球用品品牌赞助世界杯足球赛作为高近因效应刺激物，足球用品品牌赞助亚洲杯足球赛作为低近因效应刺激物，并加入强弱型品牌关系与弱强型品牌关系刺激物。实验研究分为前测实验和正式实验两部分。前测实验对赞助匹配、赞助态度、赞助涉入度、首因效应与近因效应高低、非对称品牌关系等操控变量进行了检验，为正式实验做准备。正式实验在前测实验基础上增加跟随品牌的品牌评价测量，通过组间分析，重复验证了内容一、内容二、内容三的假设，并验证了品牌关系的调节作用，发现品牌关系存在非对称性，在赞助跟随的过程中起到调节作用。

内容五：跟随定位的调节作用。本部分研究跟随定位在赞助跟随过程中起到的调节作用。本部分运用情景实验法，选择网球品牌赞助澳网作为高首因与近因效应刺激物，网球品牌赞助上海网球大师赛作为低首因与近因效应刺激物，并加入强弱型品牌关系与弱强型品牌关系刺激物、高相似定位与低相似定位刺激物。实验研究分为前测实验和正式实验两部分。前测实验对赞助匹配、赞助态度、赞助涉入度、首因效应与近因效应高低、非对称品牌关系、跟随定位等操控变量进行了检验，为正式实验做准备。正式实验在前测实验基础上增加跟随品牌的品牌评价测量，通过组间分析，重复验证了内容一、内容二、内容三、内容四的假设，并验证了跟随定位的调节作用。

内容六：同化效应与对比效应的中介作用。本部分采取调查法，验证同化效应与对比效应的中介作用，并对前五个研究内容进行重复验证。因为是调查法，所以采用的刺激物均是真实材料。选择赞助某歌手选秀节目作为高首因与近因效应刺激物，赞助某歌唱比赛作为低首因与近因效应刺激物，A品牌-B品牌作为强弱型品牌关系刺激物，B品牌-A品牌作为弱强型品牌关系刺激物，并设计了相对应的高相似与低相似的跟随定位刺激物。调查包括预调查和正式调查两部分。预调查对赞助匹配、赞助态度、赞助涉入度、首因效应与近因效应高低、非对称品牌关系、跟随定位等操控变量进行了检验，为正式调查做准备。正式调查在预调查基础上增加跟随品牌的品牌评价测量，通过组间分析，重复验证了内容一、内容二、内容三、内容四、内容五的假设，并验证了同化效应与对比效应的中介作用。

1.2.2 研究目的

本书的研究目的有以下几方面：

第一，识别跟随在消费者心理的作用原理。长久以来，作为一项经典的市场营销领域概念，跟随都是基于竞争战略和市场行为来研究的，还没有学者深入消费者心理层面对跟随进行研究。本书认为，跟随作用于消费者态度与行为的原理是首因效应与近因效应的"矛盾博弈"。本书以赞助为具体研究背景，以首因效应和近因效应为自变量，识别跟随在消费者心理的作用原理。

第二，识别影响赞助跟随效果的重要因素。非对称品牌关系与跟随定位是影响赞助跟随的关键变量，本书检验非对称品牌关系与跟随定位在赞助跟随影响跟随品牌的品牌评价过程中的调节作用。

第三，揭示赞助跟随影响跟随品牌的品牌评价的心理机制，识别出赞助跟随过程中的中介过程。

第四，从赞助竞争的视角，为企业制定赞助决策提供理论依据。一方面，作为一种事后的赞助竞争行为，本书的研究结论会为其提供制定依据。另一方面，在大多数企业无法获取稀缺赞助资源的情况下，本书的研究结论会指导企业如何用较小的财力、物力获得较大的赞助效果。

1.3　研究思路与方法

1.3.1　研究思路

为了实现本书的研究目标，更好地在现实和理论上来研究赞助跟随相关问题，本书的研究思路如下：

首先，对赞助跟随案例进行思考，总结赞助跟随一般规律，发现企业在进行赞助决策时，不仅要考虑赞助这项赛事或活动本身会给企业带来什么样的效果，更应该考虑竞争对手的赞助行为会对自身的这次赞助行为造成什么影响。据此，确定文献搜集方向与研究方向。

其次，基于现实思考检索相关文献，发现国内外学者主要忽视了两方面的研究：一是忽视了从消费者心理与行为的角度探讨跟随的本质；二是忽视了从赞助竞争的角度探讨赞助效果的评估。因此，本书从以上两点入手，对赞助与跟随等相关理论进行收集，在明确现有文献不足的基础上，为研究模型的构建与研究内容的确定打下基础。

再次，在文献分析的基础上，结合赞助实践，确定研究方向，界定研究变量，梳理各变量间的关系，构建赞助跟随对跟随品牌的品牌评价影响的模型。

最后，基于前期研究，展开实证研究，包括实验方法设计、形成研究假设、刺激物设计、设计调查问卷、开展情景实验与实地调研工作、进行数据分析、得出研究结果、分析研究结论。

具体章节安排如下：

第1章：绪论。以赞助跟随问题为基础，结合赞助营销管理的研究现状，发现研究机会，提出本书要解决的问题，介绍本书采用的研究方法、研究路线、结构安排、研究创新以及本书将要取得的成果对理论和实践的重要意义。

第2章：文献综述。对赞助营销理论、跟随理论、首因效应理论、近因效应理论、非对称品牌关系理论、同化效应理论和对比效应理论等做出梳理，旨在对要研究的内容进行全面的梳理和理论探讨，为研究模型建立与假设提出提供坚实的理论基础。

第3章：研究模型与假设。在对现有文献进行详细分析的基础上，构建赞助跟随对跟随品牌的品牌评价影响的研究模型，并据此提出研究假设。

第 4～9 章：采用五个研究逐步检验本书提出的研究假设。第 4 章检验首因效应的直接影响，第 5 章检验近因效应的直接影响，第 6 章检验首因效应与近因效应的交互情况，第 7 章检验非对称品牌关系的调节作用，第 8 章检验跟随定位的调节作用，第 9 章检验同化效应及对比效应的中介作用。

第 10 章：研究总结。主要对研究假设检验的结果进行讨论与分析。结合赞助实践，运用研究结论，讨论相关结论对赞助营销管理带来的启示，就本书的成果创新和理论贡献做陈述，并总结本书的局限和未来研究的展望。

1.3.2　研究方法

本书主要采用文献研究法、情景实验法和问卷调查法。

（1）文献研究法

文献研究法，即查阅与本书主题相关的文献，并对搜集的文献进行系统的研读，根据研究问题，对搜集到的文献进行归纳与分析，为实证研究提供理论基础。

（2）情景实验法

情景实验法是消费者行为研究中的常用方法，能够较好操控消费者对情景的反应，并减少无关变量的干扰（Brewer，2000），在赞助研究中被广泛采用。本书主要使用情景实验法来搜集所需数据。本书共采用五个实验，分别检验了理论模型中各变量之间的影响以及作用机制。实验采用组间设计，在可控的实验情景中，依据逻辑分析的理论假设控制无关因素，测试不同调节变量情况下因变量的结果。情景实验包括前测实验和正式实验，并使用独立样本检验统计分析方法处理分析数据，以验证本书提出的分析框架，并对研究结果可能与已有文献产生的差异进行解释，据此提出本书的结论。

（3）问卷调查法

为了拓宽外部效度，对于同化效应和对比效应中介作用的检验以及研究内容一到研究内容五的重复检验，本书采用问卷调查法开展。问卷调查法主要应用于实验研究刺激物选择的筛选测试，以及实验结果的统计。在实验研究中，以问卷形式来搜集研究材料的调查方法，可以较为便捷地搜集本书所需的数据资料。运用计算机软件对调查结果进行效度、信度、方差、相关和检验处理。

1.4 研究意义与创新

1.4.1 研究意义

第一是现实意义。本书具有四个现实意义。首先，本书明确了影响赞助跟随效果的因素以及作用机制，为企业开展赞助跟随提供了理论借鉴。其次，本书从赞助竞争的视角，明确了赞助跟随作为事后赞助竞争行为的重要性，并为企业制订赞助竞争策略提供了理论借鉴。再次，本书为无法获取稀缺赞助资源的企业提供了赞助决策建议，为其用较小的财力、物力获得较大的赞助效果提供了理论建议。最后，本书对后发企业或品牌劣势企业在短时间内通过赞助跟随的方式获取较好的营销效果提出了建议。

第二是理论意义。本书具有三个理论意义。首先，本书从消费者心理与行为角度，研究企业和品牌的跟随行为作用于消费者心理的原理，丰富跟随理论。其次，本书从赞助竞争的视角出发，研究赞助跟随对跟随品牌的品牌评价影响，丰富赞助理论。再次，本书从动态竞争的角度对竞争战略定位的研究进行完善。

1.4.2 研究创新

第一，理论创新。本书具有两个理论创新点。首先，本书首次从消费者心理与行为角度，探寻了跟随的本质。本书发现，首因效应与近因效应的"矛盾博弈"是跟随的本质。作为一对矛盾的概念，跟随品牌的品牌评价是更趋近于竞争品牌留下的首因效应，还是更趋近于跟随品牌留下的近因效应，是跟随影响跟随品牌评价的本质及原理。其次，本书从赞助竞争的角度研究了赞助效果评价，发现先发赞助企业的赞助行为会影响后发赞助企业的赞助效果，结论丰富了赞助效果评价相关理论。

第二，研究视角创新。现有研究重点关注企业的赞助行为本身会给企业带来什么影响，而没有从竞争的角度研究企业间的事后赞助竞争行为会为企业带来怎样的影响。针对此，本书从竞争的视角出发，分析了事后的赞助竞争行为——赞助跟随会为企业带来怎样的影响，拓宽了赞助研究视野，增进了对企业赞助的全面认识。

第三，研究领域创新。本书首次将营销跟随理论引入赞助研究领域，丰富了赞助研究领域。

第四，实践应用创新。之前对于赞助效果评价的研究，都集中在研究赞助事件本身会对赞助企业产生什么样的影响。在此基础之上，本书以跟随企业为出发点，着重研究如何运用赞助跟随的方式，增加"赞助杠杆"，以较小的赞助投入获取较大的赞助效果。并且，赞助跟随也为后发企业或品牌劣势企业在短时间内以较小的代价得到较好的营销效果提供了实践建议。因此，本书对于广大的无法获取稀缺赞助资源且实力有限的企业、后发企业和品牌劣势企业而言具有较强的实践应用意义与创新价值。

1.5 本章小结

本章主要介绍了本书研究的背景与问题、研究内容与目的、研究思路与方法以及研究意义。

首先是研究背景与问题。随着企业赞助竞争行为的日趋增多，事前的赞助竞争行为——"埋伏营销"（ambush marketing）已得到了越来越多学者的研究（Mazodier，2013；Jttner and Uta，2008），而事后的赞助竞争行为——"赞助跟随"却没有得到学者的重视。赞助跟随是指在竞争对手（被跟随企业）采取赞助行为后，作为应对，跟随企业采取的相对应的赞助行为。赞助跟随会对跟随企业的赞助效果产生什么影响？在什么条件下，赞助跟随会使跟随企业的赞助效果"事半功倍"？在什么条件下，赞助跟随会使跟随企业"为他人作嫁衣"——使竞争对手获得更好的赞助效果？赞助跟随影响消费者对跟随企业评价的心理机制是什么？还有什么其他因素会影响赞助跟随效果？这些问题还没有得到明确的答案，也没有研究进行系统的分析。为此，本书进行深入探讨，推荐企业营销与赞助理论，为企业赞助策略的制订提供理论借鉴。

其次是研究内容与目的。本书有六个研究内容，探索企业赞助对价格公平的影响。第一是首因效应的直接影响；第二是近因效应的直接影响；第三是首因效应与近因效应的交互情况；第四是非对称品牌关系的调节作用；第五是跟随定位的调节作用；第六是同化效应以及对比效应的中介作用。本书有四个研究目的。第一是识别跟随在消费者心理的作用原理；第二是识别影响赞助跟随效果的重要影响因素；第三是揭示赞助跟随影响跟随品牌的品牌评价的心理机制；第四是从赞助竞争的视角，为企业制订赞助决策提供理论依据。

再次是研究思路与方法。本书主要采用文献研究法、情景实验法和问卷调查法，对赞助跟随影响跟随品牌的品牌评价进行实证研究。

最后是研究意义。其一是现实意义。第一，本书明确了影响赞助跟随效果的因素以及作用机制，为企业开展赞助跟随提供理论借鉴。第二，本书从赞助竞争的视角，明确了赞助跟随作为事后赞助竞争行为的重要性，并为企业制定赞助竞争策略提供了理论借鉴。第三，本书为无法获取稀缺赞助资源的企业提供了赞助决策建议，为其用较小的财力、物力获得较大的赞助效果提供了理论建议。第四，本书为后发企业或品牌劣势企业在短时间内通过赞助跟随的方式获取较好的营销效果提出了建议。其二是理论意义。第一，本书从消费者心理与行为角度，研究企业和品牌的跟随行为作用于消费者心理的原理，丰富跟随理论。第二，本书从赞助竞争的视角出发，研究赞助跟随对跟随品牌的品牌评价影响，丰富赞助理论。第三，本书从动态竞争的角度对竞争战略定位的研究进行完善。

第 2 章　文献综述

2.1　跟随相关文献

2.1.1　市场跟随

市场跟随者（market follower）是指安于次要地位，不热衷于挑战的企业（Kotler Philip，2010）。在大多数情况下，企业更愿意采用市场跟随者战略。在菲利普·科特勒的《营销管理》一书当中，他阐述了企业拥有的四种市场竞争战略：市场领导者战略、市场挑战者战略、市场跟随者战略与市场补缺者战略。

市场领导者占据相关产品最大的市场份额，并在价格变化、新产品推广、分销渠道覆盖和促销力度方面领导行业中的其他企业。市场领导者应随时保持警惕，产品创新可能随时会来，影响其领导者地位；竞争对手可能会出人意料地挖掘出全新的营销视角或进行一次重大投资来颠覆其领导者地位。要保持领先地位，领导者首先应该找到扩大整体市场需求的方法；其次，领导者还应以适当的攻守策略保护现有市场份额；最后，即使市场规模不变，领导者也应尝试增加其他市场份额。

市场挑战者战略是指向市场领导者发起挑战的战略。市场挑战者首先必须确定战略目标和竞争对手。挑战者可攻击市场领导者，也可攻击与自己规模相同，但是经营不善或者资金短缺的公司，还可攻击小的地方性或者区域性公司。其次，市场挑战者要选择一种适合的攻击战略。针对明确的竞争对手和目标，挑战者可以采取正面攻击、侧翼攻击、围堵攻击、迂回攻击和游击战等方式。正面攻击是指进攻者在产品、广告、价格和分销方面与对手进行正面比拼。侧翼攻击意味着识别细分市场中的转变，因为这些转变可能导致市场缝隙的形成，企业可冲入这一市场缝隙进行填充。围堵攻击中，挑战者试图通过闪电战获取敌人的大片领土。这意味着挑战者须在正面发动浩大的进攻。迂回攻击是最间接的攻击战略，它绕过了所有竞争对手，进攻最易夺取的市场。游击战即发动小型的、断断续续的攻击，骚扰对手，使其士气低沉，从而最终赢得持久的立足之地。

市场跟随者是指安于次要地位，不热衷于挑战的企业。在大多数情况下，企业更愿意采用市场跟随者战略。产品模仿战略可能跟产品创新战略一样有利可图。在"创新模仿"的战略中，创新者承担了开发新产品、使之进入分销渠道、告知并培育消费者的大量成本。所有这些工作和风险带来的回报通常就是让企业成为市场领导者。但是，其他公司能紧随其后复制或者改良新产品。尽管不太可能赶超领导者，但跟随者也能获取很高的利润，因为它没有承担任何创新成本。

市场补缺者一般是小公司。小公司通常都要避免与大公司竞争，所以会选择大公司不太感兴趣的小市场作为目标。但即使是大的、盈利很好的企业，它们也可能为一些业务部门或旗下公司选择补缺战略。市场补缺者有三项任务：创造利基、扩大利基与保护利基。利基的主要风险在于，某一市场利基可能会枯竭或者遭受攻击，公司可能会陷入困境。

Min 等（2006）认为，与市场先驱者（market pioneer）相比，市场跟随者在进入市场时会面临挑战与机遇。一方面，市场进入者必须越过较高的壁垒才能进入市场，必须承受激烈的市场竞争，接受市场先驱者制定的市场竞争规则。另一方面，市场跟随者可以吸取先驱者的经验教训，并利用市场先驱者建立的早期垄断来与其他竞争者进行竞争，目标是从跟随者变成挑战者，进而变成领导者（Kotler Philip，2010）。Shankar（2006）认为，就产品而言，市场跟随者应采用价格博杀的策略来争夺市场。市场跟随者的公司规模越大，其运用价格策略的空间就越大，效果也就更好。并且，其产品的价格也更有弹性。这样就能使跟随者使用价格策略来保住产品地位的时间更加长久（Shankar V，2006）。Boyer 和 Moreaux（1987）认为，一家公司是成为领导者还是跟随者，取决于其运营成本（包括产品成本）的高低，当其运营成本显著低于行业内竞争对手时，成为领导者是其最佳选择；当其运营成本与行业内竞争对手相差不大甚至高于竞争对手时，成为跟随者是其最佳选择。当企业处于双寡头垄断的市场上时，运营成本对企业跟随策略的选择起到了更为重要的作用（Boyer M and Moreaux M，1987）。

Robinson 和 Chiang（2010）将市场跟随者进行了细分，认为市场跟随者可以分为早期市场跟随者（early followers）与晚期市场跟随者（late entrants）。早期市场跟随者与晚期市场跟随者应采取不同的市场进入策略。早期市场跟随者应着重采用模仿领导者的策略进入市场；晚期市场跟随者应着重采取低成本的方式进入市场（Boyer M and Moreaux M，1987）。早期的消费者具有按照顺序的自动学习效应，因此，市场跟随者应考虑早期与晚期消费者的不同学习效应，根据其不同的产品印象制订不同的产品策略（Alpert F H and Kamins M A，1995）。Pleshko 等（2013）认为，市场跟随者是否采取具有侵略性的跟随策略，取决于市场的成熟程度。市场越不成熟，跟随者越要采取具有侵略性的跟随策略，为自己赢取市场份额。当市场越成熟时，跟随者应采取不具有侵略性的跟随策略，因为成熟的市场会使跟随者实现跨越式发展的可能性变小（Pleshko L，Heiens R A and Peev P，2013）。对于跟随策略的选择，Wunker（2012）认为，跟随策略有早期跟随（early mover）、快速跟随（fast follower）和晚期跟随（late follower）。早期跟随强调跟随者进入市场的时间早，在消费者中形成品牌印象的时间较长，运用模仿领导者的方式实现快速发展。快速跟随强调快速模仿，使消费者产生同化效应，进而获得消费者购买。晚期跟随强调差异化，在获取领导者的不足之处后，采用差异化的竞争策略来赢得市场（Wunker S，2012）。Wang 等（2009）认为，对于跟随者而言，最大的市场进入壁垒就是早期使用消费者（installed-user）（WANG Q，CHEN Y and XIE J，2009）。

对于企业来说，在市场定位中有两个选择——成为先驱者（pioneer）或成为跟随者（follower），两者都有优势和风险。先驱者通常具有更高的盈利能力、更大的市场份额和更长的业务生命周期，但每个策略的相对成功取决于内部和外部因素。跟随者的关键成功因素是生产和营销方面的强大能力，当客户拥有有价值的资产时，当学习曲线效应对利润不重要时，当客户具有较低的交换成本时以及当市场发展缓慢时，跟随者可以获得优势。清晰的定位和强大的促进是跟随者在市场上成功的关键。选择成为先驱者还是跟随者是战略决策，正确选择方法是考察自身是否具备出色的内部能力（internal capabilities），并且还要考虑先行者（first mover）的优势建立时间（E K A O，2008）。Usero 等（2005）认为，当跟随者采取更多的非市场行动时，先驱者的优势更明显（Usero M B and Fernandez Z，2005）。Lambin 和 Schuiling（2007）认为，跟随者行为是基于对竞争对手行为而制订的，它包括使自己的决定适应于竞争者的决策，而不是预期它们随后的反应（Lambin J J and Schuiling I，2007）。Gal 等（2010）总结了"跟随者现象"（the follower phenomenon），指出"跟随者现象"多出现在双寡头垄断的市场中。在这样的市场形态当中，一方的市场行为会受到另一方的很大影响，并形成相互牵制的状态（Lambin J J and Schuiling I，2007）。Breton 等（1997）认为，在不对称信息结构下的双寡头最优定价策略就是进行价格跟随（Breton M，Chauny F and Zaccour，1997）。Milewicz 等（2014）认为，产品形式和产品功能会影响跟随公司的产品性能。具体来说，消费者更愿意购买一个比先驱者产品性能优越的跟随者产品。此外，当跟随者产品的形式类似于先驱者产品时，跟随者的产品性能会被强化（Milewicz，Chad，Lee，Sangwon，2014）。

2.1.2　市场进入

市场进入（market entry）即新产品或企业进入一个已有的竞争市场（Pan Y and Lehmann D R，1993）。本书主要从市场进入的障碍、市场进入的策略、市场进入的模式等方面对市场进入进行论述。

首先是市场进入障碍。市场进入障碍是指在完全垄断条件下，新的企业要想进入某一行业十分困难，存在许多进入障碍。其主要表现为四种形式：一是企业对生产资源的控制；二是企业对专利的控制；三是规模经济大；四是政府特许（SUN X，et al.，2013）。Niu Yongge 等（2012）认为，市场进入壁垒有七个维度，并表明中国的企业高管认为广告效果是最重要的进入壁垒，而进入资本是最不重要的。Fahri 和 Michael（1989）认为主要存在六种市场障碍：一是心理障碍。这主要表现为新进入者的信心不足和急于求成，当新进入者面临一个全新的市场时，新进入者心里没有底，充满了担忧，并且由于急于想占领市场而背上巨大的压力；二是未知市场。新进入者由于不了解市场的特征及要素，很可能采取了错误的进入策略；三是知名度低。由于进入者前期在消费者心目中没有印象，因此，消费者可能对品牌不熟悉，购买难度增加；四是竞争对手较早进入市场，具有先发优势；五是规模经济。先发进入者或竞争对手往往具备规模经济优势；六是消费者的学习障碍。消费者学习进入者产品知识需要时间，这往往会对新进入者进入市场造成负面影响（Karakaya F and Stahl M J，1989）。

Han 等（2001）认为，市场进入障碍起到的作用越来越小，因为创新后进入者超越市场现有竞争者的事件在各个行业越来越普遍。重新评估基本进入壁垒战略的传统假设已成为当务之急。为此，本书提出了一个框架，调查现有企业的障碍建设对自己业绩的影响。具体来说，本书检查了五种类型的入门障碍——资本要求、成本优势、转换成本、分配准入和专有资产（Han J K，Kim N and Kim H B，2001）。Fahri 和 Michael（1992）认为，潜在的市场进入障碍有 25 种。具体来说，可将其归结为对现有竞争对手的品牌认同、成本优势、品牌忠诚、分销渠道、资金优势、现有专利、广告优势、政策准入优势、利润优势等（Karakaya F and Stahl M J，1992）。Gable 等（1995）认为，在零售领域也存在许多市场进入障碍，最明显的市场进入障碍是资金障碍、零售店的位置优势、外生优势等（Gable M，et al.，1995）。

　　其次是市场进入策略。市场进入策略是指企业为了使产品顺利地进入目标市场，而对进入方式和进入渠道所采取的策略（Jung J，2004）。市场进入策略一般有直接进入策略和间接进入策略。一是直接进入策略。直接进入策略是指企业利用自身已有的营销网络、成熟的营销策略、立体式的广告宣传、便捷的售后服务，直接将新开发的产品投放到既定的目标市场的策略。这种策略要求企业自身具有独立且完备的销售和服务网络、雄厚的资金实力，一般适用于大型企业集团（Ekeledo，Ikechi，Sivakumar K，2004）。二是间接进入策略。间接进入策略是指企业在产品实现的全部环节中只承担设计、开发、生产等任务，营销策划、广告、销售、服务等采取合作、合资或销售代理等方式。这种方式适用于规模较小、销售网络不完备、资金有限的企业，也是目前比较流行的市场进入策略，体现了社会分工的集约经营理念（Taylor C R，Zou S and Osland G E，2000）。

　　在目标市场选定后，选择正确的市场进入策略对企业实现市场目标极为重要。Narasimhan 和 Zhang（2000）认为，市场进入可以采取非对称性的策略。即是说，子策略可以与总策略不一致，子策略可以采取较为灵活的方式。Kamau（2011）认为，不同的市场准入战略可用于进入一个新的市场，这些战略包括兼并、收购、合资企业和战略联盟等；而影响市场准入战略选择的因素包括价格本地化、贸易壁垒、竞争、出口补贴和本地化知识等（Kamau A，2013）。对于零售业而言，Anne 等（2005）发现，组织及其周边环境是激励企业进入新市场的重要因素。国际零售经验、财政资源的可用性、现有的特许零售品牌、公司重组的影响力都是关键的市场进入策略影响因素。

最后是市场进入的模式。市场进入模式是指公司在选定目标市场之后，进入目标市场时所使用的方式（蓝海林，等，2010）。在实际操作中，进入不同市场的经验表明，市场进入的模式应该因市场而异。一是"从零开始"的进入战略（Start-ups）。在这种战略模式下，需要经过很长一段时间的努力，新的业务才能达到一定的水平。由于公司没有合作伙伴，开展新的业务所需要的技术和知识诀窍必须通过长期的培育才能获得，因此存在着较高的机会成本。二是兼并收购的市场进入模式。这一进入模式的优点是规避了"从零开始"的进入战略的弊端，缺点是在市场上难以寻找完全满足条件的合作伙伴，而且这种购并往往需要支付巨额的成本。同时，合并双方在合并后的管理权力划分、企业文化整合等方面的关联与互动较第一种模式更为复杂。

在国际化理论研究中，一般把进入国外市场的模式归纳为下列三大类：出口模式是指产品在目标国境外生产（其他两种模式，即契约模式和投资模式，都涉及在目标国境内进行生产），但输入目标国进行销售，或者通过产品输出进入国外市场的方式。出口又分为间接出口和直接出口（Pan Y and Tse D K，2000）。契约模式是指企业与目标国的企业签订非权益性合同，使前者的专利、技术、经验、管理、人力等无形资产为后者所使用，并从后者获得经济利益分享的方式。契约模式是一种通过知识和技术的输出而进入国外市场的方式。投资模式是指企业通过在目标国获得该国企业的部分或全部所有权，达到部分控制或控制在目标国内的产品生产和销售的目的，也就是通过资本的输出来进入国外市场的方式（Kalish S and Lilien G L，1986）。

2.1.3 后发优势与劣势

从国家层面来说，落后国家由于发展比较晚，所以有很多东西可以模仿发达国家。模仿有两种形式，一种是模仿制度，另一种是模仿技术和工业化。由于是后发国家，所以，其可以在没有基础制度的情况下通过技术模仿实现快速发展。而且，落后国家由于模仿的空间很大，所以即使没有好的制度、好的条件，通过对发达国家技术和管理模式的模仿，仍可以取得发达国家必须在一定制度下才能取得的成就。特别是落后国家，模仿技术比较容易，模仿制度比较困难，因为改革制度会触犯一些既得利益。因此，落后国家会倾向于技术模仿。不过，这样做的落后国家虽然可以在短期内取得非常好的发展，却会给持续发展留下许多隐患，甚至招致失败（杨小凯，2006）。对此，林毅夫（2005）认为，对于发达国家来说，技术创新是保证经济持续增长的动力。不同于其他关于内生技术、贸易和经济增长的模型，对于欠发达国家来说，只要按照他们的资源禀赋结构所决定的比较优势来发展，那么他们所采用的技术水平一定能抵御发达国家的技术水平。因此，欠发达国家除了自主的技术研发外，还可以通过从发达国家吸收其技术溢出来实现突破发展（林毅夫，张鹏飞，2005）。

　　Shankar 和 Krishnamurthi（1998）发现，在某些情况下，后发者产生了一些非常成功的品牌，超越了先驱，但后发者超越先驱者的机制尚不清楚。为了识别这些机制，根据市场进入策略（开拓性、创新领域的后发者和非创新领域的后发者）的不同，创新的后发者通过享受更高的市场潜力和更高的重复购买率，可以创造一个可持续的优势。相比之下，非创新型后发公司面临较小的潜在市场、较低的重复购买率。与先锋相比，其营销效率较低（林毅夫，张鹏飞，2005）。Lieberman 和 Montgomery（1998）认为，早期进入者可能复制客户的成本结构。这可以通过三种主要方式发生：第一，客户的感知空间可能有利于先锋初始位置的方式演变。第二，客户可能会开发转换成本，因为他们积累了与先锋产品相关的经验。第三，"网络外部性"可以将先锋产品确立为行业标准。在后一种情况下，当使用标准产品时，客户享有较低的成本，这允许与最大的外部用户的兼容性（Lieberman M B and Montgomery D B，1998）。Shankar 和 Krishnamurthi（1999）研究了品牌进入的产品生命周期阶段，探究如何在控制市场秩序效应和时间之后通过品牌增长和市场反应影响其销售。作者开发了一个动态的品牌销售模型。其中，品牌增长和市场反应参数均根据生命周期的进入阶段而来，即先锋、成长阶段进入者和成熟阶段进入者。生长阶段进入者比起先锋或成熟阶段进入者，能够更快地达到其渐近销售水平，并且不受竞争者扩散的伤害，对感知的产品质量具有更高的响应（Shankar V and Krishnamurthi L，1999）。

2.1.4　跟随内涵总结

　　从这些研究中，我们可以发现跟随的发展脉络。本书认为，要较为全面和系统地概括跟随的内涵，须包含的要素具体如表 2-1 所示。

表 2-1　跟随内涵总结

文献来源	内涵要素	含义
（Kotler Philip，1965）	时间要素	跟随意味着被跟随事件或行为发生的时间在前，跟随事件或行为发生的时间在后，两者不能同时发生
	相关要素	跟随事件与被跟随事件存在一定的联系，可能是因果关系，也可能是相关关系。被跟随事件在一定程度上决定了跟随事件发生的时间、方向、程度与大小
	距离要素	跟随者必须与领先者保持一定的市场距离。跟随者发动跟随行为不是为了超越领先者，而是为了保持跟随状态
	份额要素	市场领先者份额应大于跟随者市场份额
（Han，2011）	规则要素	跟随者遵循的是取得其应有的市场份额，而不是试图改变行业规则
（Jung J，2004）	战略要素	跟随者的战略应是紧跟领先者，提防挑战者的攻击，因为市场跟随者的位置是挑战者的首选攻击目标

2.2　赞助相关文献

2.2.1　赞助的概念及本质

赞助包括体育、慈善、艺术、商业以及科学研究等多种表现形式。英语中涉及赞助含义的词汇较多，国内外主要采用"sponsorship"这一词汇作为描述赞助或赞助营销的专业术语。但是，除了"sponsorship"外，还有如"donation""charity""patronage"和"endorsement"等词汇（Meenaghan J A，1983）。就"sponsorship"而言，可以分为公益赞助与商业赞助。1917年，英国体育顾问委员会（Sport Council of the UN）认为，赞助是一种以提供方便和特权为回报，以"出风头"为目的的物质或金钱捐赠（沈佳，2010）。这一定义较之现在的环境是比较片面和不成熟的，因为它将赞助等同于公益捐赠。实际上，商业赞助和公益赞助二者在接触点、目标及语言上都是不同的（邓里文，2010）（见表 2-2）。时至今日，赞助的概念已逐渐转变为赞助方与被赞助方之间一种互利的商业协议关系。因此，目前学者们普遍认为赞助是一种互惠互利的关系，在学术研究中关注更多的是商业赞助。

表 2-2　商业赞助与公益赞助的区别

特点	商业赞助（sponsorship）	公益赞助（philanthropy）
公开宣传性	高度公开的	低调的，很少铺张
经费来源	由营销、广告或公共关系事务预算支出	从慈善捐款或慈善预算支出
会计列支	企业费用，如媒体费用	可减免税赋
目的或服务	销售更多的产品	良好的企业公民，提升企业的形象
合作对象	事件、团体、艺术、文化组织、节目	教育、健康、疾病、灾难等
获得最多经费类型	多于 60% 的经费投资于体育项目	75% 的经费投资于教育、社会福利及健康方面

资料来源：朱佩忻. 从消费者观点分析企业运动赞助效果［D］. 台北：台湾大学"国际"企业研究所，2003.

　　赞助本质上是赞助双方的一个具有共同利益的商业协定，这个定义实际上阐述了赞助是双边共同意识的达成（Gardner M P and Shuman P J，1987）。该定义从赞助活动所要实现目标的角度出发，指出赞助是为了提升企业形象或者增强消费者的品牌认知水平而对相关事件或活动进行投资，以实现企业目的或营销目标。商业赞助是企业为了实现营销目标，购买和利用与某项活动或者事件的关系而进行的市场活动（Howard D R and Crompton J L，1995）。有学者进一步指出，赞助是一种商业关系的交换，代价是进行资金支持或其他资源支持。

　　Wallise（2003）在归纳和总结上述关于赞助本质概念研究的基础上，指出各个学者对于赞助不同的定义和表述，至少有着最小的一致性，即赞助营销首先产生于赞助方和被赞助方之间资源和权利的交换，并在交换的过程中，以追求、放大和拓展双方营销传播目标的关联为目的。实际上，这种一致性也是对赞助作为一种促销或传播工具本质的认可（卢长宝，2005）。随着近年来赞助被企业视为进行营销的重要工具而得到广泛的应用，其本身的内涵也在不断丰富。因此，将"sponsorship"译成赞助营销，才能更加准确地展现赞助活动的营销与传播价值。

　　刘念宁（1991）和康永华（1992）认为，赞助即企业通过向社会公益事业等免费提供实物资助，包括金钱或劳务，对他人表示善念或对社会作出贡献，旨在增进社会福利。其形式与教育、体育、文化、艺术活动相关（杨晓生和程绍同，2004）。冯义方（1999）认为，赞助是赞助方和被赞助方相互交换各自所拥有的有形资源或无形资源的过程。赞助方主要提供以资金、人力、实物为表现形式的有形资源，而被赞助方则以提供场地、媒体传播等方式进行报偿，以达到各自的目标。Meenaghan（1983）最早对商业赞助和公益赞助进行区分，并对赞助进行定义。他指出，企业因公益事业或灾难性事件向个人、组织所进行的不图回报的捐赠行为，并不能算作真正意义上的赞助，并认为赞助是企业为实现商业目的，以金钱或其他形式对一项活动提供赞助资源的活动。这个定义在早期的赞助研究中得到广泛的认可。在随后的研究中，学者基于不同的角度、不同的理解以及不同的侧重点，对赞助的含义进行了解释。而真正促使赞助研究转向营销和传播是"赞助关联营销"（sponsorship-linked marketing）。将赞助定义为赞助关联营销，即企业营销活动的协调和应用，其目的是建立和传播与赞助特定的关联。这个定义使赞助包含三个部分：一是赞助方提供资源，被赞助方得到资源；二是被赞助方提供传播平台的活动或事件，赞助方获得与该活动或事件相关联的权利；三是赞助方与被赞助方都要对"资源换取权利"的联系进行推广，因为两者密不可分。

陈柏苍（2001）则将赞助视为一种资源交换行为，通过有形资源或无形资源的有效链接，使赞助成为达到赞助方和被赞助方目标的行为活动。范师豪（2004）将赞助定义为赞助方和被赞助方之间的一种互补与合作的关系。这种关系实质上是双方为了各自利益而进行的资源交换行为，赞助方达到特定的目的，而被赞助方则获得执行某项活动的资源。"赞助关联营销"的定义不仅将赞助理解为赞助方与被赞助方之间的关系，还将其理解为赞助方为了放大投资赞助的效果和实现赞助的传播价值，在引进的其他营销手法和沟通工具的基础上，为提升自身与事件的关联所进行的活动。同样，2001 年，IEG（International Events Groups）也给出了对赞助的定义，即一种对于所有物（主要是体育、娱乐、非盈利活动或组织）货币式的或慈善费用式的支付，以期得到与这种所有物的可利用的商业模式的潜在关联作为回报（邓里文，2010）。

Maxwell（1996）认为，赞助是一个包括有形资源（金钱、实物等）及无形的资源（地位、技术、服务）的交换过程。在赞助的过程中，无论赞助双方是主动还是被动的，其最终目的都是达成互利的关系。从以上学者对赞助内涵的界定和理解可以看出，早期对于赞助的研究还仅仅停留在赞助商（企业）与赞助活动如何产生互惠互利的关系，并由此来界定赞助的本质，而没有把赞助活动的外延打开，即将赞助活动看成是企业利用投资的事件进行的市场营销和市场传播的努力。Sandler（1989）认为，赞助是企业与特定活动的结合，由企业提供资源（包括财务、人力、技术等），换取企业与该项活动的直接关系，并可以直接运用该项活动的资源达到企业的营销目标。

从以上研究中，我们可以清晰地看到，赞助成为企业营销传播工具的发展脉络。本书认为，要较为全面和系统地概括赞助的内涵，须包含以下几个要素：

首先，赞助的性质是"商业交易行为"。赞助的目的就是获取商业利益，而并不是无偿地进行社会化服务。可以说，随着中国文体产业的发展，赞助也变成了一项越来越频繁的商事活动。

其次，赞助的原则是"各取所需，等价交换"。赞助方与被赞助方要发生关系，其基础必须是各取所需、互惠互利、平等合作的双赢关系，赞助方以提供资源求回报，被赞助方通过授予对方权利换支持，赞助双方实行等价交换。如果赞助双方不各取所需和等价交换，赞助关系就很难形成，即使形成，也难以持久。

再次，赞助的目标指向是"满足双方的利益诉求"。这种利益诉求在现今对赞助双方来说不仅仅是有形资源和无形资源的交换，更为重要的是双方在发生赞助关系后，将赞助看作是营销沟通手段，谋求与赞助相关的关联和权利，以实现赞助利益的最大化和可持续性。

2.2.2　赞助的动机与目标

企业进行赞助的动机，基本上是为了企业形象、产品销售与企业知名度的提升，而处于公益和慈善的动机则不到百分之十（Stotlar，1993；Turco，1994）。简而言之，赞助的动机是为了获取商业利益，而非为了慈善公益。

Crowley（1991）认为，媒体的迅速发展致使传统广告策略失效，而赞助给企业了提供一条崭新的广告途径，一方面可以克服传统广告的不利因素，达到宣传效果；另一方面，能将信息清楚而有效地传递给消费者。Hoek（1990）进行研究时发现，赞助比广告能激起更高的知名度水平。Howard（1995）研究认为，媒体广告成本上升和消费者对商业广告的排斥，使体育赞助成为替代传统广告宣传的可行方式，而体育赞助恰好迎合了企业的需要。对体育组织来说，经营体育赛事的成本越来越高，需要对外寻求资金支持。Geng 和 Burton（2002）对于企业体育赞助的动机概括得比较全面，主要有以下几点：①提升企业形象；②增加企业知名度；③彰显企业的社会责任；④与公众保持良好关系；⑤基于同业竞争压力与促销的动机赞助体育，尤其是与体育运动相关的企业。

关于赞助目标的论述有很多，归纳起来主要有如下几个方面：①企业形象目标：企业形象与知名度的提升。②营销目标：推广企业和产品品牌的知名度，并以此提升消费者的购买意愿（Schaaf P，1995）。③媒体目标：媒体报道体育赞助的数量与曝光率（黄淑汝，1999）。④销售目标：增加企业产品的销售量（洪睦盛，2004；邹玉玲，2001）。

2.2.3　消费者对赞助的态度

有研究发现，消费者对赞助活动的态度会影响其对赞助品牌的态度。对赞助活动的态度在赛事赞助中就表现为消费者对所赞助活动的态度。Speed 和 Thompson（2000）将消费者对赞助活动的态度区分为个人对赞助活动的喜爱程度（personal liking of the event）与对活动地位和影响力的感知（perceived status of the event）两个构面。

有学者研究发现，如果消费者对赞助活动的感知是有吸引力或有兴趣的，那么在消费者心中就会产生一个更强的影响赞助企业的形象（D'Astous A and Bitz P，1995）。有研究认为，赞助企业可以受益于消费者的"感恩"，如果活动足够使消费者产生强烈的喜好。[①] 这两个研究都认为，企业选择赞助活动时，会先考虑到消费者对于活动是否有强烈的喜爱程度。消费者对于活动具有强烈喜好，将会对赞助企业的形象产生很大的影响，而赞助企业则可以从赞助活动中获得利益（Crimmins J and Horn M，1996）。

从上述学者的研究中，我们可以看出，企业进行赞助时，要影响消费者对赞助企业或产品品牌形象的态度，增强其购买意愿。这就必须让企业所赞助的活动在消费者心中产生正面的认知评价、情绪感受和行动倾向，让消费者将对活动的喜爱和热情转嫁到赞助企业身上。因此，当企业选择与自身有

---

①Crimmins J, Horn M. Sponsorship: From Management Ego Trip to Marketing Success [J]. Journal of Advertising Research，1996，36（4）.

着高度一致性和相关性，并且有较大影响力时，企业可通过上述的赞助关系获得消费者的支持与好感，从而达到其所期望的赞助效益。可以说，消费者对活动的态度直接决定了消费者对赞助企业的态度。

从消费者对赞助态度的文献中，我们知道，赞助要获得成功，必须让消费者将对活动的正面态度转嫁到赞助企业上，以提高消费者对赞助企业的认同度，改变消费者的购买行为。因此，消费者对赞助企业的态度是决定体育赞助成败的另一个重要因素。Stipp（1996）在研究奥运会赞助对企业形象的影响时指出，奥运会的赞助广告和赞助企业的可见度是影响赞助是否成功的重要因素。如果消费者在奥运会期间能通过赞助企业的广告接收到更多赞助企业的信息，特别是消费者喜爱的广告和赞助企业的正面信息，那么他们很容易将赞助企业与奥运会联系在一起。这种强大的联结效果将让消费者对赞助企业产生鲜明的正面形象，进而使消费者对于赞助企业持有正面的支持态度。程绍同（2001）认为，体育赛事赞助能起到企业传统的营销策略无法起到的作用和效果，因为体育赞助活动能使赞助企业在消费者感兴趣的体育活动中轻松地传递企业信息，赞助企业与消费者更易于建立良好的关系。

2.2.4　赞助效果评估

杨圣智（2003）在研究体育赞助营销效果评估时对程绍同（1998）的研究进行了总结，认为体育赞助营销效果评估最常见的方式有三种：①评估赞助商形象差异，即评估赞助体育活动前后消费者对赞助企业在形象上有何差异性；②评估销售量差异，即比较赞助前后同时期企业在产品销售量上的差异性；③评估媒体报道差异，即评估赞助活动期间有多少媒体播报与赞助企业相关的新闻，以及次数、时间和频率。黄淑汝（1999）在程绍同（1998）研究的基础上，提出了五个衡量赞助评估有效性的因素，分别是企业形象的提升、对产品认知的增强、产品销售机会的创造、礼遇机会的获取以及满足个人目标或兴趣爱好。而蒋宜龙（1999）则提出，体育赞助营销效果评估方法有两种：①曝光率测量法，即通过媒体的收视率及现场观众人数的计算，将赞助效益以量化的方式呈现给赞助商；②追踪测量法，即利用回忆及认知的方式来测量消费者对赞助企业的感受。

受到 2001 年北京申奥成功的影响，企业进行赞助的事件越来越多。国内学者在国外学者研究的基础上对赞助效果的评估研究进行了探讨。蔡俊五和赵长杰（2001）认为，赞助效果分为心理效果和经济效果两大类。根据赞助的特点，其中以心理效果为主要方面。汪玮琳和肖斌（2003）认为，赞助收益与风险并存，赞助评估非常必要。赞助评估分为事前评估和事后评估。他们也认为，赞助经济效果的测量在赞助效果评估中占次要地位，而且没有特殊的测量方法。在理想状态下，赞助资金的比率与经济效果成反比，即赞助资金比率越小，赞助的经济效果越好。梁立君和李丹（2004）认为，赞助企业应关注赞助评估，而被赞助方也应该为赞助企业提供评估服务；赞助企业应委托第三方进行赞助评估；评估应是一个整体的评价框架，而不应该只是对赞助商形象效益、销售量以及媒体报道的评价。但是，他们并未指出怎样建立一个赞助效果评估的整体框架。卢长宝（2005）提出了赞助营销效果评估框架的重构。他在总结国内相关评估方法的基础上，从赞助营销风险的控制流程出发，提出了赞助营销效果评估是基于对赞助传播价值和赞助营销目标这两大环节的匹配程度以及实施效果的综合评价。

2.3　首因效应与近因效应

2.3.1　首因效应的概念

首因效应（primacy effects）由美国心理学家洛钦斯首先提出，也叫首次效应、优先效应或第一印象效应，指交往双方形成的第一次印象对今后交往关系的影响，也即"先入为主"带来的效果（Anderson N H，1965）。首因效应强调第一时间片面的印象叠加。首因效应不一定正确，但一定能为后续消费者态度的形成提供诸多注脚。首因效应通过"第一印象"最先输入的信息对客体以后的认知产生影响作用。第一印象作用最强，持续的时间也长，比以后得到的信息对于事物整个印象产生的作用更强（Tan L and Ward G，2000）。

首因效应是指在人际知觉中，人对事物的第一印象。第一印象往往是不准确甚至不正确的，但是这种不准确甚至错误的印象却往往在消费者心目中占据着鲜明、牢固的地位，左右着消费者对事物的评价（Lind E A，Kray L and Thompson L，2001）。一般来说，人们常常根据第一印象将事物进行归类，然后再根据归类出的特点对事物进行判断。在日常的表述中，"先入为主"便是这个意思（Vinokur A and Ajzen I，1982）。显然，首因效应的强大会导致人们的认知错误。这是因为人们在接受外界事物的不同刺激时，第一次接触该类信息会使人们对该类信息进行归类和处理，形成该类信息的处理模式，后续的同类信息都会按照这个模式进行处理。它对解决同类问题是有利的，对解决变化型问题则起到消极作用（Yates J F and Curley S P，1986）。

首因效应是一种系列位置效应，指识记一系列项目时，开始系列部分的记忆效果优于其他顺序系列部分的现象（Reed P and Morgan T A，2006）。开始系列决定了人们的信息处理模式，其余顺序的信息将按照该模式进行信息处理。同时，首因效应也是社会知觉效应的一种形式，指在人际知觉过程中最初形成的印象起着重要的影响作用，亦即"先入为主"带来的效果（Gundlach E，2004）。

2.3.2　首因效应的产生原因

关于首因效应的产生原因，一种解释认为，最先接收的信息所形成的最初印象，构成脑中的核心知识或记忆图式（Davelaar E J，2013）。后输入的其他信息只是被整合到这个记忆图式中去，即这是一种同化模式，后续的信息被同化进了由最先输入的信息所形成的记忆结构中。因此，后续的新的信息也就具有了先前信息的属性痕迹（Reed Phil，2000）。

另一种解释是以注意机制原理为基础的。该解释认为，最先接收的信息没有受到任何干扰地得到了更多的注意，表明信息加工越精细；而后续的信息则易受忽视，表明越容易受到信息加工粗略的影响（Barnette J J，2001）。外界信息输入大脑时的顺序决定着认知效果。在时间序列上，最早输入的信息最容易被引起重视，最晚输入的信息也会引起消费者的注意。大脑处理信息的模式是形成首因效应的根本原因。首因效应本质上是一种时间优先效应，当人们面临不同的信息组合时，人们对于前面的信息是非常重视的（Karuza E A，et al.，2016）。人们即使面临后来信息，也不会重视后来信息。当前后信息不一致时，为了形成一个可以整体评价的信息，人们倾向于相信前置信息而忽略后置信息；当不同的信息结合在一起的时候，人们总是倾向于重视前面的信息（Porter R H and Etscorn F，1976）。

首因效应之所以产生，与大脑的信息处理模式有很大关系（Kamp S M，et al.，2012）。人脑处理信息遵从双系统模式，即当人们暴露在未知信息面前时，信息会被人们在不同的模式当中同时处理。一种系统是理性系统，一种系统是感性系统，时间顺序上先到的信息，会在感性系统留下信息痕迹，时间顺序上后到的信息（Noguchi K，Kamada A and Shrira I，2014），虽然能够在理性系统上不受先前信息的困扰，但会在感性系统上，由于留存信息痕迹的存在而受到干扰，从而导致首因效应的出现（Luchins A S and Luchins E H，1984）。

2.3.3 首因效应的影响

首因效应首先作用于人际关系当中。首因效应会在第一次见面时短短的 54 秒钟之内形成，对方的性别、年龄、长相、表情、姿态、身材、衣着打扮等方面的信息会在第一时间形成对对方的首因效应，判断对方的内在素养和个性特征。这一最先的印象对他人的社会知觉产生了较强的影响，并且在对方的头脑中形成并占据着主导地位（Martin N and Bunta F，2007）。首因效应一旦形成不宜更改，容易在人们心中形成长时间、异常牢固的刻板效应。因此，在现实生活中，首因效应极大地作用于人际关系当中，影响着人们的交往和对彼此的认识。社会心理学家艾根在 1977 年研究发现，人们可以按照 COLER 模式来展现自己，从而在人们的心中建立良好的第一印象（Rywick T，1971）。"COLER"是由五个英文单词的开头字母组成的，C 表示 confront，坐姿或站姿要面对别人；O 表示 open，姿势要自然开放；L 表示 lean，身体微微前倾；E 表示 eyecontact，目光要接触；R 表示 relax，即放松。用 COLER 模式表现出来的含义就是"I respect you，and I like you"（Hendrick C and Costantini A F，1970）。

心理学家卡耐基在其《如何赢得朋友》中也总结了六条给人留下良好第一印象的途径，即真诚地对待别人、微笑待人、不抱怨、乐观、坚强、体贴。这六点能够很好地给人留下第一印象。要做好这六点其实并不难，关键是持之以恒地给人留下良好的首因效应（Brueggen K，et al.，2016）。首因效应的影响作用可以在一定程度上得到控制。首因效应的产生与个体的社会经历、社交经验的丰富程度有关，如果个体的社会经历丰富、社会阅历深厚、社会知识充实，则会将首因效应的作用控制在最低限度（Erkel P F A V and Thijssen P，2016）。另外，通过学习，在理智的层面上认识首因效应，明确首因效应获得的评价，一般都只是在依据对象的一些表面非本质的特征基础上而做出的评价。这种评价应当在以后的进一步交往认知中不断地予以修正完善。也就是说，第一印象并不是无法改变或难以改变的（LIU X G，YANG N D and Management S O，2013）。

2.3.4　近因效应的概念

近因效应（recency effect）是指当人们识记一系列事物时，末尾部分项目的记忆效果优于开头及中间部分项目的现象。对于受众而言，信息跨度时间越长，近因效应越显著。这是因为，之前的信息由于时间的关系，已经在记忆当中模糊起来，从而使短期的信息在记忆中更加凸显（Jarvik M E，1951）。近因效应与首因效应相反，是指在多种相似刺激出现的情况下印象的形成，或者说消费者能铭记的印象，主要取决于后发的刺激，即在信息交互的过程中，后发的新颖信息能够掩盖先发信息，因此也被称为"新颖效应"（Carlesimo G A，et al.，1996）。多年不见的朋友，对于友情是如何开始的，一般不容易记得，记得最清晰的往往是离别的情形。同样地，当要求说出朋友的几条优点时，人们往往只能总结出最近发生的事情所体现出的朋友的优点。有学者认为，人们在学习的过程中，往往也只会记得最近学习的结果，而忽略之前学习的成果（Vallar G and Papagno C，1986）。这种观点用改变识记与回忆之间间隔时间的方法进行实验可以得到证明。延缓回忆对首因效应没有影响，但却消除了近因效应。这说明，短时记忆的提取促成了近因效应（Jones M and Sieck W R，2003）。在人们的记忆中，最后的记忆往往能抹掉最早的记忆。或者说，最后的记忆往往是最清晰的，最初的记忆往往是最模糊的。这说明，人们的记忆其实是有规律的，越近的记得越清楚，并且往往以特殊事件为节点。记忆节点附近的记忆一般也是比较牢靠的（Carlesimo G A，et al.，1996）。

2.3.5　近因效应的产生原因

近因效应的产生，一是与人类的思维记忆模式有关。人类的记忆思维模式着重于储存时间距离近的事物，模糊相对远的事物。因此，时间离得越近，记忆越是牢靠，近因效应也才越明显（Jones M and Sieck W R，2003）。二是与人们的双系统处理信息的模式有关。与处理情感的系统相比，处理理性信息的大脑系统会更加重视信息处理的时间顺序，并形成更强的近因效应（Guiral A，Gonzalo-Angulo J A and Rodgers W，2007）。三是信息呈现的顺序会对社会认知产生影响，先呈现的信息比后呈现的信息有更大的影响作用，如在两段文字之间插入某些其他活动，像做一道数学题、听一段音乐、观看一幅图画等，人们对眼前信息的判断会出现较大的问题。也就是说，获得的

信息对他们的社会知觉起到了更大的影响作用，这个现象叫作近因效应
（Pineo O and Miller R R，2005）。

除此之外，近因效应的产生也与个体特质有关。一般来说，解释水平越
高的个体，越容易关注细节，更容易对近期发生的事情留下较深的印象；解
释水平越低的个体，越容易关注事件整体，不容易对近期发生的事情留下较
深的印象（Furnham A，1986）。同时，有学者发现，近因效应的产生也与个
体认知风格有关，偏理性的认知风格更容易形成较强的近因效应，偏感性的
认知风格不太容易形成近因效应（Bolhuis J J and Van Kampen H S，1988）。
一般来说，个性开放、外向、有活力的人容易受近因效应的影响，而性格内
向、沉稳、谨慎的人容易受首因效应的影响（Lancet T，1992）。

2.3.6　近因效应的影响

近因效应会影响最后的印象，且往往是最强烈的，可以冲淡在此之前产
生的各种因素（Russell M L，Spector J and Kelly M，1993）。例如，在一场
面试结束之后，主考官对于一头一尾的考生的评价往往会呈现出鲜明的特点，
即偏向高分与低分；而对于顺序在中间的考生，其评价可能更为中庸。近因
效应除了会使评价变得中庸外，还会增加人们的评价难度。近因效应会混淆
人们的情感，并使人们的评价变得困难（Tsubakimoto M and Akahori K，
2007）。例如，一个人一直以来在工作上表现得都很出色，但是近期出了一两
件差错。这时，其他人对他的评价就受到了近因效应的混淆，尤其是情感层
面，一直以来都这么优秀的人，怎么会突然犯错呢？一定是发生了一些变化
影响了他的行动。因此，人们的情感受到了限制，使评价发生了偏差，这也
是近因效应会造成的影响之一（Isarida T，1989）。

近因效应使人们更看重新近信息，并以此为依据对问题做出判断，忽略
了以往信息的参考价值，从而不能全面、客观、历史、公正地看待问题。近
因效应是存在的，首因效应也是存在的。大量实验证明，首因效应和近因效
应依附于个体价值选择和价值评价，在主体价值系统作用下，可能存在加重
印象，加重效应的产生与近因效应密切相关（Harvey A J，2006）。

2.4　非对称关系

2.4.1　非对称关系的概念

非对称关系（asymmetric relationship）指的是具有不一致联想强度

(strength of association) 的双向或多向关系。具体来说，联想强度代表人们看到 A 而联想到 B 的可能性。举例来说，A 与 B 之间存在非对称关系（A 强于 B），则当人们看到 A 时，联想到 B 的可能性较大；或者说，当人们看到 A 时，大部分人会联想到 B。但是，当人们看到 B 时，联想到 A 的可能性不大（Lei J and Lemmink J，2013）。进一步说，非对称关系描述的是一种联想溢出现象，人们对于特定对象的态度、评价和成见会溢出到另一个对象上，这种联想的溢出可能是正面的，也可能是负面的（Bronnenberg B J and Wathieu L，1996）。

非对称品牌关系是非对称关系中很重要的一种关系。有的学者认为，非对称品牌关系强调品牌之间的联系互动，即是说，不同的品牌在消费者心目中是占有不同的心智区域的。非对称的品牌关系是将不同品牌在消费者心目中联系起来的方法之一，当消费者在日常生活中遇到 A 品牌时，他有可能由此及彼，由 A 品牌联想到 B 品牌（A 品牌特点弱于 B 品牌）。联想的内容包括品牌名称、品牌属性、品牌形象、品牌评价、品牌印象等。这种联想，可以由 A 到 B，却很难从 B 到 A。其根本原因在于，B 品牌的品牌特点突出，具有品类代表性，当消费者看到 B 品牌时，会联想到该品牌的代表性品牌，而 A 品牌不具备品类代表性。并且，在影响力或消费者思考集中方面，B 品牌与 A 品牌不是相同级别与量纲的。因此，从联想的角度上来说，非对称品牌关系导致品牌联想只能单向溢出，无法双向互动（Matzler K，Stieger D and Fller J，2011）。

非对称的品牌关系不仅会影响到品牌联想，还会影响到品牌印象及品牌评价。非对称品牌关系是不同品牌实力的综合体现，两个品牌所具备的品牌势能不同，自然就会形成"高低落差"。有了这种"高低落差"，品牌的联想才会出现（Matzler K，Stieger D and Fller J，2011）。为了在非对称的品牌关系中占据有利位置，企业会对发送给市场的质量信号做出反应。企业发送信号，消费者发展信任（Collins A M and Loftus E F，1988）。非对称品牌关系是品牌综合实力的体现，一般来说，强势品牌在非对称的品牌关系当中都占据着"强"的一端。

非对称品牌关系与品牌关系规范联系紧密。品牌关系规范意味着消费者对特定品牌的固定期望与偏好（CHEN T and LIN F，2011）。对于交换型的品牌关系规范而言，交换型品牌关系规范意味着消费者不看重品牌联想和品牌所代表的含义，更看重品牌带给消费者的实际利益。消费者不易启动品牌联想，因此，非对称品牌关系在交换型的品牌关系规范中不易实现。相反的是，共享型品牌关系规范意味着消费者更加看重特定品牌的象征和联想，更看重特定品牌所带来的情感。因此，非对称品牌关系在共享型品牌关系规范中更容易实现（Pankaj Aggarwal，2004）。

2.4.2　非对称关系的分类

Lei 等（2013）根据非对称方向的不同，认为非对称关系可以分为强-弱联想型（strong-weak association）、弱-强联想型（weak-strong association）和平等联想型（either strong or weak association）。强-弱联想型意味着品牌联想强度和溢出方向。比如，A 品牌代表性强，品牌联想程度高，B 品牌代表性弱，品牌联想程度低，则其品牌关系为强-弱联想型。品牌联想会从品牌联想程度低的 B 溢出到品牌联想程度高的 A，反之亦然。平等联想型意味着 A 与 B 的品牌联想程度相等，品牌联想不会溢出，如图 2-1 所示。

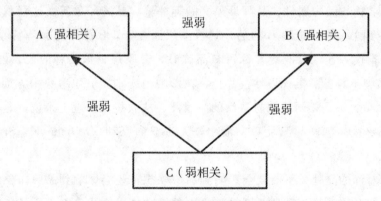

图 2-1　非对称关系强弱联想示意图

根据联想溢出的方向，非对称关系还可以被分为单向溢出、双向溢出和多向溢出。多向溢出强调非对称关系并不是只存在两方关系当中，还存在于多方关系当中。因此，关于非对称关系中的多向溢出不应该被忽略（Okada A，2014）。根据联想溢出的程度，非对称关系可被分为一般型非对称关系和紧凑（tense）型非对称关系。一般型非对称关系表示的是联想溢出强度一般的非对称关系，而紧凑型非对称关系表示的是溢出程度较大的非对称关系（Siano A and Basile G，2009）。

2.4.3　非对称关系的影响

非对称关系指的是具有不一致联想强度的双向或多向关系。因此，非对称关系会在许多方面产生影响，如关系质量、关系存续时间、关系评价和关系印象等。首先是关系质量。关系质量会受到非对称关系的影响。质量考量的根本是比较，当消费者对特定对象的关系质量进行考量时，往往通过的是对比效应。即是说，通过比较其竞争对手的关系质量，来判定特定对象在其心中的关系质量。非对称的关系模式往往会使关系质量发生相对改变（Sweeney J C and Chew M，2002）。其次是关系存续时间。非对称关系往往会使关系存续时间更长，因为非对称的关系模式始终处于动态变化中。当关系模式处于不良状态时，动态的变化与调整可以使关系存续时间延长（Sweeney J C and Chew M，2002）。最后是关系评价与印象。印象是评价的长期表现，非对称关系使得消费者对关系的评价呈波动状态，并且处于长期调整的状态。因此，非对称关系往往可以提升关系评价，并进而提升关系印象（Nguyen T D and Nguyen T T M，2011）。

非对称的品牌关系是非对称关系中非常重要的一项。非对称的品牌关系能够影响消费者对品牌的态度、评价甚至是购买意愿。首先是品牌态度。非对称品牌关系能够改变消费者对特定品牌的品牌态度，因为品牌态度来源于品牌认识，非对称品牌关系强调品牌联想的强弱之分，品牌联想的溢出能够影响到品牌认识的变化，进而影响到品牌态度（Lim Y M，2013）。其次是品牌评价。品牌评价是个相对指标，一定是基于一个标准而做出的相对评价。因此，当处于非对称的品牌关系时，消费者对于品牌关系的评价往往不稳定，并且处于波动状态。随着行业变化、品类变化、产品变化，评价标准也在变化，品牌评价也会随之变化（Nyffenegger B，2010）。最后是购买意愿。购买意愿是品牌评价、品牌态度和品牌认知的综合体现，也是一种比较选择的结果。因此，非对称品牌关系可以通过品牌联想的溢出形成相对的比较来改变品牌评价、品牌态度和品牌认知，进而改变购买意愿（Fetscherin M and Heilmann T，2015）。

2.5　同化效应与对比效应

2.5.1　同化效应的概念及内容

同化效应（assimilation effect）指人们的态度和行为逐渐接近参照群体或

参照人员的态度和行为的过程，是个体在潜移默化中对外部环境的一种不自觉的调适（邢淑芬和俞国良，2006）。同样地，将同化效应的对象进行转换，同化效应也指人们对于特定事物的态度不自觉地偏向其他事物的现象，尤其是在两种事物相似的情况下（Meyers-Levy J and Sternthal B，1993）。

同化效应是指当个体面对社会比较信息时，其自我评价水平朝向（displace toward）比较目标的现象。向上比较时，个体会提升自我的评价；向下比较时，个体会降低对自己的评价，产生一种趋同的趋势。例如，有研究发现，向具有抱负的教师给予奖励，如模仿教师奖、优秀教师奖等，这些教师在随后的教学当中会呈现出更加积极的状态，努力朝优秀教师的标准靠拢（邢淑芬和俞国良，2006）（Van D Z K, et al.，1998）。有的研究也发现，通常来说，癌症病人会很绝望，但是，如果他们阅读积极的内容，其情绪会向着积极的方向发展，其对自我病情的评价也会更高；如果病人得知了其病情的真实情况，或知道其他类似病人病情恶化的消息，其治疗效果则会大大降低（Lockwood P and Kunda Z，1997）。

同化效应指的是对某一刺激的知觉和判断朝向或靠近背景信息的情况（曹群，2016）。Olson 和 James（1976）认为，同化效应与消费者期望有密切关系，他们的研究揭示了消费者对咖啡苦味判断可能存在同化效应，但结果没有统计学意义。作者认为，他们的四个苦涩措施均显示实验组和对照组之间的显著差异，但概率水平只有 0.1。该研究要求消费者评定咖啡的品牌，而不是他们测试的特定样品。消费者可能相信样品是苦的（并且会对它不满意），但是因为他们被要求评价品牌，他们可能更少依赖于他们品尝的样品，这可能受临时因素的影响，其评定的标准在于实验者提供的标准期望（Olson and James S，1976）。当同化过程发生时，期望对经验具有直接影响，经验偏好会影响消费者的消费体验（Pieters R，Koelemeijer K and Roest H，1995）。

信息类型同样会影响对同化效应的判断，个体在形成目标类别时会导致同化效应的产生。添加一些正面的信息会导致更积极的判断，而一些负面信息的添加则会导致更消极的判断。即是说，对一件事物正面或负面信息的加工会使该事物向积极或消极信息的方向同化。

研究表明，归因可能会影响同化效应。根据信息影响理论，负面的感觉可以错误地归因于正在被判断的其他对象（Effectassimilation，1991）。例如，Schwarz 和 Clore（1983）发现，人们的心情会根据天气的变化而变化，人们将自己的心情归因于天气，认为在天气好的时候更容易获得好心情。因此，人们普遍将自己的心情向天气同化。其他案例也显示了同样的趋势。例如，表示积极意向的单词（如糖果、快乐、开心等）通常能唤起人们的好心情，其内在的机理也是因为人们的心情通常会向某一引导或标准进行同化（XING S and YU G，2006）。

Piters 等（1994）认为，同化效应可以分为前向同化（forward assimilation）与后向同化（backward assimilation）。前向同化是指当同化标准或对象具有双重属性时，研究对象向其最高标准同化的现象；后向同化是指当同化标准或对象具有双重属性时，研究对象向其最低标准同化的现象。前向同化与后向同化可能同时存在并相互转化（Pieters R，Koelemeijer K and Roest H，1995）。

有的学者认为，社会信息归类过程中的刻板印象会影响同化效应的发生。长期以来，人们总是认为刻板印象的形成是社会信息归类过程的一种自动和不可避免的结果。在诸如年龄、性别和种族等基本范畴中，成员关系的形成往往是自动形成的。刻板印象是在范畴的知觉基础上激活的，并且影响着人们的判断与行为。具体来说，在社会信息归类过程中，刻板印象是基于对范畴成员的知觉自动激活的，并通过频繁与持续的激活，某种特质便与群体节点联系起来了。当遇到一个范畴成员时，群体节点会激活，而且会传播分布到其他相连的节点——刻板印象特征。因此，刻板印象会影响同化效应的产生（王沛，2002）。有的学者认为，社会比较信息会影响同化效应的发生。所谓社会比较信息是指一个人依据各自的群体成员身份（group membership）在自己和他人之间进行比较，或者从总体上把内群体（ingroup）和外群体（outgroup）进行比较。这时，一个人把自己看作是一个群体的"可相互替换的样例"而不是一个单独的个体。在个体作群际比较时，只有来自外群体的向上社会比较信息才会降低其自我评价，即产生对比效应；而来自内群体的向上社会比较信息会提高其自我评价，即产生同化效应（付宗国和张承芬，2004）。混淆效应（confusion effect）被认为是同化效应发生的根本原因，是指人们通过比较，将特定对象与其比较对象相混淆的效应。

2.5.2　对比效应的概念及内容

对比效应（contrast effect），也称"感觉对比"，是指同一刺激因背景不同而产生的感觉差异的现象（邢淑芬和俞国良，2006）。对比效应是相对于正常的感知而言的，消费者的认知或相关联系能力增强或减弱会影响消费者对事物的认知与判断。例如，当在暗灰色或浅灰色目标之间或同时与暗灰色或浅灰色目标相比时，中性灰色目标将看起来比孤立时更亮或更暗。又例如，当一个人同时与一个或多个有吸引力的人相比较时，他会显得不那么具有吸引力。有的学者认为，对比效应是指个体面对社会比较信息时，其自我评价水平背离（displace away）比较目标的现象。即个体面对上行比较信息时会降低其自我评价水平，或面对下行比较信息时会提升其自我评价水平。例如，有研究表明，当求职者面临竞争时，尤其是他面临的竞争者是一个简历优良、衣着光鲜亮丽、各方面更加胜任的求职者时，其自我评价水平会降低；而当其面对的是一个衣着寒酸、简历单调、没有任职能力的求职者时，其自我评价水平会得到提升（邢淑芬和俞国良，2006）。基于对比效应机制的存在，Marsh（1987）提出下行比较理论，认为当个体遭遇挫折时，倾向于进行下行比较，以使自己获得信息并且不认为自己太差。因此，下行比较可以提升自我评价（Marsh H W，1987）。

对比效应指的是对某一刺激的知觉和判断背离或远离背景信息的情况。对比效应是指基于某一标准所形成的比较结果，某一事物在消费者心中所形成的感受与评价一定不是该事物的绝对结果，而是一种相对结果，这种相对结果一定是消费者基于一个标准比较得出的。费显政等（2010）认为，对比效应是指一个企业的 CSR（企业社会责任）形象会对其他企业产生相反的影响。比如，一些外资品牌的糟糕表现反衬出民族品牌的高度责任感，使民族品牌受益。有的学者认为，立场的转变可以导致对比效应产生。如果消费者卷入度不高，抱着一副事不关己高高挂起的心态，则不容易产生对比效应；如果消费者卷入度较高，那么消费者就容易将自己带入购物场景中，并产生对比效应，对自己的购物行动进行评价（Hovland C I，Harvey O J and Sherif M，1957）。有的学者认为，当被比较的事物比较极端时，极端的事物和样本容易启动消费者的对比效应。这个结论可以从社会判断和社会认知视角来解释。对比效应还与消费者所处的环境有关，当消费者所处环境能够启动消费者的自我评价意识时，消费者容易对事物进行对比，并形成对比效应。该结论与社会比较理论一致，消费者在有吸引力的刺激环境中给予较低的自我评级。相关分析还表明，自我评价的吸引力与几个人格变量有关（Cash T F，et al.，1983）。对比效应同样被运用于社会心理学的研究当中。有学者在调查电视节目暴露程度对亚裔和非裔美国人判断的影响后发现，亚裔具有较强的刻板印象效应，因此对电视节目的暴露程度很敏感；非裔美国人则容易启动对比效应，将电视节目的暴露程度与其他节目进行对比并进行评价，因此结果不稳定（Haddock G，2003）。

　　对比效应同样被应用于会计决策当中。会计决策通常涉及关于不同客户、项目或员工的类似类型的判断，这些任务可以使用相似的信息项，并且在相同的工作范畴内执行。虽然对于每个相应决策的信息的独立考虑可能是不容易办到的，但是关于对比效应的心理学研究表明，来自先前决策的信息可以被保留并且为当前的判断提供依据。这种对比效应是会计判断的关键，因为它们将被运用于审计当中。并且，任务的大小与级别也与对比效应有关系。因此，对比效应在会计及审计当中存在较为广泛的应用（Bhattacharjee S，Maletta M J and Moreno K K，2007）。有的学者认为，期望在对比效应中扮演了重要的角色，情感预期模型提出，期望可以导致情感体验中的同化和对比效果。具体来说，该模型认为，当刺激或经验与情感期望不一致，并且个人注意到这种差异时，情感反应将与期望形成对比。这些研究结果表明，以前的刺激暴露是情感预期的影响的重要情境调节者变量。同样也表明，对比效应受到期望的直接影响，因为期望作为对比的标准之一，直接决定着对比效应的强度及方向（Geers A L and Lassiter G D，2005）。

　　关于对比效应发生的原因，有的学者认为，这与对象和标准的差别有关。只要两个事物不完全相同，那么就一定会存在对比效应，差别只在谁是标准，谁是被比较的对象。例如，同样灰色的小正方形在白色的背景上显得暗，而在黑色的背景上就显得亮，这是灰色小正方形与背景间的差别都有增强的缘故（Keller M W，Feinstein S B and Watson D D，1987）。有的学者从神经营销的角度解释了对比效应产生的原因，即对比效应与大脑神经活动的抑制与诱导有关。也就是说，大脑皮层一处兴奋引起邻近部位的抑制（外抑制、负诱导），或一处抑制引起邻近部位的兴奋（正诱导）。白的更白，黑的更黑，也可以用侧抑制来解释，其原因是在各竖条相接处，较亮的一条所引起的兴奋抑制了较暗的一条所引起的兴奋，使其降低，因而显得更暗。距离愈远，侧抑制愈小，从而使各条相接处明暗差异加大（Ogawa S，et al.，1990）。模仿效应（copycat effect）被认为是对比效应发生的根本原因，是指人们通过模仿的心理，将特定对象与其比较对象相对比的效应（Satomura T，Wedel

M and Pieters R，2014）。

2.5.3 同化效应与对比效应

究竟在何种情况下会产生对比效应，在何种情况下会产生同化效应，这是众多学者一直致力于研究的问题。有的学者认为，这与消费者自身的个体自尊水平和自我确定性有关，与比较目标的特殊性有关，还与消费者和目标之间的关系有关（邢淑芬和俞国良，2006）。自尊水平调节着社会比较对人们自我评价的影响作用。Aspinwall 和 Taylor（2000）研究发现，高自尊者在上行比较中倾向于产生同化效应，其自我评价得到提升，因为上行比较能够产生希望；而低自尊者则在下行比较中会提升其自我评价，产生对比效应。当个体自我具有不确定性时，为了找寻自己在社会以及世俗世界当中的位置，他们会采用外界的标准来对自身进行定位和比较。这时，社会比较信息就对个体自我评价产生对比效应。相反，如果个体非常自信，不需要以外界事物为标准进行自我评价，则有可能会产生同化效应（Pelham B W and Wachsmuth J O，1995）。比较目标的可达性也会影响同化效应以及对比效应的产生。比较目标的可达性指个体对自我未来状态的可能性的评估，如果个体认为自己在未来达到满意状态的可能性较大，则容易通过上行比较信息产生同化效应；如果个体感知自己在未来取得满意状态的可能性比较小，则上行比较最有可能发生并使个体产生挫败感，产生对比效应（Stapel D A and Koomen W，2000）。同样，个体对比较目标的认同也会影响到上行比较与下行比较的发生，并进而影响同化效应与对比效应的产生（Lockwood P，2002）。

消费者在面对外界信息时，究竟是启动同化效应还是对比效应呢？Mussweiler 从信息和整合视角（informational and integrative）出发，提出了一个理论框架——选择性通达模型（selective accessibility）。该模型最基本的假设是，同化效应还是对比效应的产生依赖于个体的判断过程所激活的目标知识（信息）的运用。即是说，当面对信息时，消费者启动同化效应还是对比效应，主要依赖于信息的比较。信息比较过程包含相似性检验和相异性检验。其中，相似性检验是指检验目标与标准之间一致性假设的过程；相异性检验是指检验目标与标准之间不一致假设的过程。当目标与标准之间相似性较高时，个体会选择性地注意目标与标准之间存在一致性的信息内容，形成相似性检验并启动同化效应；当目标与标准之间相似性较低时，个体会选择性地注意目标与标准之间存在不一致性的信息内容，形成相异性检验并启动对比效应（Mussweiler T，2003）。选择性通达模型如图 2-2 所示。

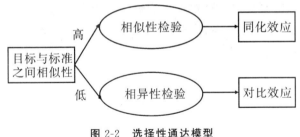

图 2-2　选择性通达模型

有学者研究发现，究竟是产生对比效应还是同化效应，跟个体的比较信息特异性（distinctness）和其自我概念的可变性（mutability）密切相关。例如，当出现"他很富有"这条信息时，社会比较信息会使自我成为比较的标准，对比效应有可能会发生并产生"我很穷"的自我评价（Geli M V，et al.，2012）。如果这时自我概念的可变性较高，则可能会产生同化效应，使个体产生我也很富有的感觉。当个体的自我评价较为稳定，不易受其他信息影响时，同化效应不易产生（Markman K D and Mcmullen M N，2003）。

另外，有学者提出，反思-评价模型可以解释对比效应与同化效应的发生。在比较思维中，有两种不同的心理比较模型。一是反思，即是说，反思可以比较信息的真实性或是寻找真实的自我；二是评价，是指把比较信息作为自我评价的参照点。反思-评价模型可以作为明晰将来的参照点，运用幻想的形式产生评价性思维。在反思思维中，人们倾向于认为对比的标准是自我的一种反射；而在评价性的思维中，人们倾向于将对比的标准看作外界信息的一种整合。由此可见，当人们倾向于运用反思思维思考问题时，很有可能出现同化效应；当人们倾向于运用评价思维思考问题时，很有可能出现对比效应（Hanko K，Crusius J and Mussweiler T，2010）。

2.6　本章小节

文献综述部分回顾了与本书相关的研究，为本书奠定了理论基础。对文献的评述和从文献中梳理出的研究问题如下。

第一是跟随。本书从市场跟随、市场进入和后发优势与劣势三个角度对跟随进行了总结与归纳，并提出了跟随的内涵总结。①本书从市场跟随者的概念和本质入手，着重回顾了菲利普·科特勒在《营销管理》中提到的跟随概念，认为市场跟随者是指安于次要地位，不热衷于挑战的企业。在大多数情况下，企业更愿意采用市场跟随者战略。本书基于跟随者概念梳理了跟随战略、跟随时机、跟随方法和跟随价格等；②本书梳理了市场进入相关研究，包括市场进入的障碍、市场进入的策略和市场进入的模式。首先是市场进入障碍。现实中主要存在四种市场进入障碍，分别是企业对生产资源的控制、企业对专利的控制、规模经济大和政府特许。其次是市场进入策略。市场进入策略一般有直接进入策略和间接进入策略。最后是市场进入模式。市场进入模式是指公司在选定目标市场之后，进入目标市场时所使用的方式；③本书梳理了后发优势与劣势相关研究。后发优势强调后发组织由于发展比较迟，所以有很多东西可以模仿发达国家。模仿有两种形式，一种是模仿制度，另一种是模仿技术和工业化的模式。后发劣势强调，由于先发组织已获取规模经济优势与垄断，后发组织的发展受到制约；④本书总结了跟随的内涵，认为跟随的内涵要素包括时间要素、相关要素、距离要素、份额要素、规则要素和战略要素。

通过对跟随相关文献的梳理，本书发现，以往对跟随的相关研究主要集中在市场跟随和战略跟随两方面，还没有研究深入消费者行为层面，探讨跟随行为作用于消费者行为的心理机制。目前，越来越多的市场竞争涉及跟随行为，这些跟随行为的发生或许不属于企业的长期跟随战略，只是企业的一次竞争应对行为，因此，有必要对跟随行为的影响机制进行研究。另外，本书发现，鲜有研究对跟随行为进行实证研究，以往的文献更多地对市场跟随进行理论研究，鲜有从实证的角度出发研究探讨企业或者品牌的跟随行为到底会对企业或品牌的目标消费者造成什么样的影响，这也是本书试图解决的问题之一。

第二是赞助相关文献。①本书从赞助的概念和本质入手，厘清了赞助的发展脉络，在归纳和总结学者们关于赞助本质概念研究的基础上，指出赞助已发展成为赞助方与被赞助方进行营销传播和市场沟通的交换行为；②本书在总结国内外学者对赞助概念探讨的基础上，指出赞助是商业活动发展到一定阶段的产物，其本质是企业与被赞助方组织通过商业协议，达成商业伙伴关系，进行资源、利益交换与合作的商业行为。赞助已成为企业的一项重要战略行为；③由于企业赞助的核心目的是建立和传播与赞助对象的特定关联，提升赞助效果是赞助研究的中心问题。因此，本书对赞助效果的认识、方法和研究现状进行了回顾。

　　通过对赞助相关文献的梳理，本书发现，以往对赞助的研究更集中于对静态的赞助行为所引起的赞助双方的品牌评价、品牌态度与品牌资产等的变化，鲜有学者从竞争的角度研究动态的赞助竞争行为会对赞助双方造成什么样的影响。具体来说，随着企业赞助行为的日趋增多，事前的赞助竞争行为——"埋伏营销"已得到了越来越多学者的研究，而事后的赞助竞争行为——"赞助跟随"却没有得到学者的重视。因此，这是本书着重研究的问题之一。

第3章　研究假设与研究模型

3.1　研究模型

研究模型是实证研究的基础，本章将对研究变量之间的逻辑关系进行梳理，构建研究模型，为下一步的实证研究工作做准备。

本书拟解决的核心问题有两个。一是挖掘跟随在消费者行为领域中的含义。跟随作为一项重要的市场营销领域概念，在菲利普·科特勒的《营销管理》一书中就被正式界定。然而，在随后的众多研究当中，跟随更多被作为一项企业竞争战略和市场行为来研究，鲜有文章从消费者行为的角度来研究跟随是怎样作用于消费者心理与行为的。二是研究跟随在企业赞助行为当中的应用。随着企业赞助行为的日趋增多，事前的赞助竞争行为——"埋伏营销"（ambush marketing）已得到了越来越多学者的研究，而事后的赞助竞争行为——"赞助跟随"却没有得到学者的重视。本书基于跟随作用于消费者态度与行为的原理和心理机制，研究企业的赞助跟随行为对其品牌评价的影响。

为了解决这两个核心问题，本书通过对跟随、赞助、首因效应、近因效应、非对称品牌关系、同化效应、对比效应等相关文献的分析，提出了赞助跟随对跟随品牌的品牌评价的影响的研究模型。其中，首因效应和近因效应作为自变量，跟随品牌的品牌评价作为因变量，非对称品牌关系和跟随定位作为调节变量，同化效应与对比效应作为中介变量。首先，这一研究模型的变量均为消费者心理层面的变量，旨在从消费者行为的角度来研究跟随。其次，跟随作用于消费者态度与行为的原理是首因效应与近因效应的"矛盾博弈"，作为一对矛盾的概念，跟随品牌的品牌评价到底是更趋近于竞争品牌之前的赞助行为给消费者留下的首因效应，还是更趋近于跟随品牌的赞助行为给消费者留下的近因效应，是赞助跟随影响跟随品牌的品牌评价的本质及原理，而首因效应和近因效应影响消费者的心理路径，便是同化效应与对比效

应。最后，为了增强模型对赞助现象的解释力，本书引入非对称品牌关系与
跟随定位作为调节变量。具体研究模型如图 3-1 所示。

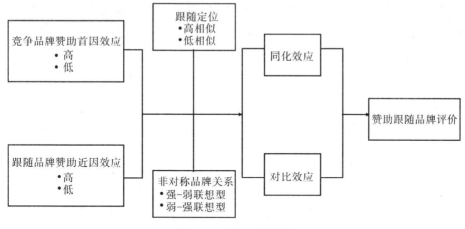

图 3-1　本书研究模型

3.2　研究假设

本书的研究内容主要包括以下七点：一是首因效应的直接影响；二是近
因效应的直接影响；三是首因效应和近因效应的交互影响；四是品牌关系的
调节作用；五是跟随定位的调节作用；六是同化效应与对比效应的中介作用；
七是控制变量的作用。接下来，本书将具体探讨以上七部分内容，并提出本
书的研究假设。

3.2.1　首因效应的直接影响

外界信息输入大脑时的顺序对消费者对同类信息认知的影响是不容忽视
的。最先输入的信息作用最大，最后输入的信息也起较大作用（Lind，et al.，
2001）。大脑处理信息的这种特点是形成首因效应的内在原因。首因效应本质
上是一种优先效应，当不同的信息结合在一起的时候，消费者总是倾向于重
视前面的信息（Yates and Curley，1986）。

根据可接近-可诊断理论（Janakiraman，et al.，2009），若发生相似事件
或具有相似属性，消费者可根据该相似事件或相似属性，将该事件的评价部
分转移到另一件相似事件上（Aggarwal and Zhang，2006），进而产生溢出效
应（spillover effect）。因此，若跟随品牌采取赞助跟随行为，由于其赞助跟随

行为具有相似性，根据可接近-可诊断理论，此时会产生溢出效应，消费者对竞争品牌赞助行为的评价会向赞助跟随事件转移。当竞争品牌赞助行为产生的首因效应较高时，意味着消费者对竞争品牌赞助行为印象深刻，独特且评价较高，其转移给赞助跟随事件的评价也较高，根据品牌形象转移理论（Chien，Cornwell and Stokes，2005），赞助对象的品牌评价会向赞助商转移。因此，高评价的赞助跟随事件会更大程度地提升跟随品牌的评价。据此，本书得出假设 H1。

H1：与低首因效应相比，高首因效应更能提升跟随品牌的品牌评价。

3.2.2 近因效应的直接影响

近因效应是指当消费者识记一系列事物时，对末尾部分项目的记忆效果优于中间部分项目的现象。这种现象是由于近因效应的作用。信息前后间隔时间越长，近因效应越明显。其原因在于前面的信息在记忆中逐渐模糊，从而使近期信息在短时记忆中更清晰（Baddeley and Hitch，1993）。近因效应越强，消费者对跟随品牌赞助行为记忆越清晰，印象越深刻，独特且评价较高，越容易形成较高的品牌评价。因此，在赞助跟随过程中，与跟随品牌赞助的低近因效应相比，高近因效应对跟随品牌的品牌评价的提升作用更大。据此，本书提出假设 H2。

H2：与低近因效应相比，高近因效应更能提升跟随品牌的品牌评价。

3.2.3 首因效应和近因效应的交互情况

根据现实发生的赞助现象，本书总结了三种常见的首因效应与近因效应交互的情况，并比较得出哪类交互情况对跟随品牌的评价提升最大。

第一是考查在"高首因、高近因"情况下，赞助跟随效果如何。对于"高首因、高近因"的情况，由于前后赞助事件在消费者心目中的记忆强度都很高，且两次赞助行为具有一定相似性，因此，消费者容易启动模仿（copycat）思维，模仿思维会启动消费者的对比效应，通常会造成消费者对比较对象的评价偏离被比较对象（Horen Femke Van and Pieters Rik，2012）。即是说，与跟随品牌采取赞助跟随行为并形成高首因、高近因时相比，竞争品牌赞助事件形成高首因效应时，赞助跟随对跟随品牌的品牌评价的提升作用更大。据此，本书得出假设 H3a。

H3a：与高首因、高近因效应相比，高首因效应更能提升跟随品牌的品牌评价。

第二是考查在"高首因、低近因"情况下，赞助跟随效果如何。对于"高首因、低近因"的情况，由于高首因效应在消费者心目中的记忆强度较高，低近因效应在消费者心目中的记忆强度较低，且两次赞助行为具有一定相似性，因此，消费者容易启动混淆（confusion）思维，进而启动消费者的同化效应，同化效应会使消费者对比较对象的评价偏向被比较对象（Craven，1997）。即是说，消费者对跟随品牌的评价会偏向于记忆强度更高的首因效应。也就是说，与竞争品牌形成的首因效应较高时相比，跟随品牌采取赞助跟随行为并形成高首因、低近因时，赞助跟随对跟随品牌的品牌评价的提升作用更大。据此，本书得出假设 H3b。

H3b：与高首因效应相比，高首因、低近因效应更能提升跟随品牌的品牌评价。

第三是对比"高首因、低近因"和"低首因-高近因"，哪一类赞助跟随效果更好。根据纳入-排除模型（Schwarz and Bless，1992），目标信息与比较标准较接近或相似可能被纳入，反之则被排除，较远的过去事件会被排除出当前的自我意识，从而在比较时产生对比效应；而较近的事件会被纳入当前的自我意识，从而产生同化效应。竞争品牌赞助行为发生在前，根据纳入-排除模型，时间顺序在先产生的信息可得性较弱，从而在比较时产生对比效应；跟随品牌赞助行为发生在后，根据纳入-排除模型，时间顺序在后产生的信息可得性较强，从而在比较时产生同化效应。因此，在高首因、低近因的情况下，根据对比效应，跟随品牌的品牌评价不会显著提升；根据同化效应，跟随品牌的品牌评价不会显著提升。两者对跟随品牌的品牌评价的影响方向相同，跟随品牌的品牌评价不会显著提升。在低首因、高近因的情况下，根据对比效应，跟随品牌的品牌评价会显著提升；根据同化效应，跟随品牌的品牌评价会显著提升。两者对跟随品牌的品牌评价的影响方向相同，跟随品牌的品牌评价会显著提升。因此，与高首因效应、低近因效应相比，低首因效应、高近因效应更能提升赞助跟随对跟随品牌的品牌评价。据此，本书得出假设 H3c。

H3c：与高首因、低近因效应相比，低首因、高近因效应更能提升赞助跟随对跟随品牌的品牌评价。

3.2.4　非对称品牌关系的调节作用

赞助的本质是品牌形象的转移（张永韬，2016）。相似地，赞助跟随的本质也是通过跟随将竞争品牌的品牌形象转移到跟随品牌。在品牌形象转移的过程中，竞争品牌与跟随品牌之间的关系会起到重要作用与影响。首因效应与近因效应描述了品牌形象转移的方向，品牌关系影响了品牌形象转移的程度。本书发现，品牌关系存在非对称性，而非对称关系指的是具有不一致联想强度的双向或多向关系（Lei J and Lemmink J，2013）。进一步说，非对称关系描述的是一种联想溢出现象，消费者对于特定对象的联想会溢出到另一个对象上（Bronnenberg B J and Wathieu L，1996）。非对称关系可以分为强-弱联想型和弱-强联想型。在强-弱联想型的情况下，竞争品牌品牌代表性强，品牌联想程度高；跟随品牌品牌代表性弱，品牌联想程度低。品牌联想会从跟随品牌溢出到竞争品牌，这将消费者的注意力从跟随品牌分散到了竞争品牌，竞争品牌得到的关注和注意增多，跟随品牌得到的关注和注意下降（Siano A and Basile G，2009）。换言之，即首因效应增强，近因效应减弱。

同理，在弱-强联想型的情况下，竞争品牌品牌代表性弱，品牌联想程度低；跟随品牌品牌代表性强，品牌联想程度高，品牌联想会从竞争品牌溢出到跟随品牌，这将消费者的注意力从竞争品牌分散到了跟随品牌，竞争品牌得到的关注和注意下降，跟随品牌得到的关注和注意上升（Sweeney J C and Chew M，2002）。换言之，即首因效应减弱，近因效应增强。

在强-弱联想型非对称关系、高首因效应的情况下，根据可接近-可诊断理论（Aggarwal and Zhang，2006），此时会产生溢出效应，竞争品牌的评价会向跟随品牌转移。当竞争品牌赞助行为产生的首因效应较高时，其转移给跟随品牌的形象与评价也相对较高。强-弱联想型非对称关系增强了首因效应。据此，本书得到假设 H4a。

H4a：在强-弱联想型的非对称关系情况下，与低首因效应相比，高首因效应更能提升跟随品牌的品牌评价。

在弱-强联想型非对称关系、高首因效应的情况下，根据可接近-可诊断理论（Aggarwal and Zhang，2006），此时会产生品牌溢出效应，竞争品牌的评价等会向跟随品牌转移。当竞争品牌赞助行为产生的首因效应较高时，其转移给跟随品牌的评价也相对较高。然而在弱-强联想型的情况下，首因效应会被削弱，因此，跟随品牌的品牌评价不会显著提升。据此，本书提出假设 H4b。

H4b：在弱-强联想型的非对称关系情况下，与低首因效应相比，高首因效应不会显著提升跟随品牌的品牌评价。

在强-弱联想型非对称关系情况下，近因效应越强，消费者对跟随品牌赞助行为的印象越深刻，且评价越高，其转移给跟随品牌的评价也较高。由于强-弱联想型非对称关系会使近因效应减弱，在该种情况下，跟随品牌的品牌评价不会显著提升。据此，本书得出假设 H4c。

H4c：在强-弱联想型的非对称关系情况下，与低近因效应相比，高近因效应不能显著提升跟随品牌的品牌评价。

在弱-强联想型非对称关系的情况下，近因效应越强，消费者对跟随品牌赞助行为的印象越深刻，且评价越高，其转移给跟随品牌的评价也较高。由于弱-强联想型非对称关系会使近因效应增强，在该种情况下，跟随品牌的品牌评价会显著提升。据此，本书得出假设 H4d。

H4d：在弱-强联想型的非对称关系情况下，与低近因效应相比，高近因效应更能提升跟随品牌的品牌评价。

3.2.5　跟随定位的调节作用

定位（position）是企业占领消费者心智的一项独特的市场营销活动，即通过发现顾客不同的需求并不断地满足它的过程，其实质是企业为了抢占消费者心智而实施的独特行为。在赞助跟随的过程中，跟随品牌可以采取两种定位——高相似定位与低相似定位来抢占消费者心智。高相似定位是指跟随品牌采取的跟随行为与竞争品牌的跟随行为高度相似，跟随品牌试图与竞争品牌抢夺同一的消费者心智（Kohli and Jaworski，1990）；低相似定位是指跟随品牌采取的跟随行为与竞争品牌的跟随行为不太相似，跟随品牌试图采用差异化的跟随行为，在消费者心中树立独特形象（Roberts and Dowling，2000）。

消费者在面对外界相似信息时，究竟是启动同化效应还是对比效应呢？Mussweiler（2000）从信息和整合视角（informational and integrative）出发，提出了一个理论框架——选择性通达模型（selective accessibility）。该模型认为，当目标与标准之间相似性较高时，个体会选择性地注意目标与标准之间存在一致性的信息内容，形成相似性检验并启动同化效应；当目标与标准之间相似性较低时，个体会选择性地注意目标与标准之间存在不一致性的信息内容，形成相异性检验并启动对比效应。选择性通达模型如图 3-2 所示。

图 3-2　选择性通达模型

　　跟随品牌为了实现高相似的跟随定位，其赞助行为与竞争品牌的赞助行为（赞助过程、赞助对象、赞助方式、赞助广告等）高相似，而消费者感知到的目标（跟随品牌的赞助行为）与标准（竞争品牌的赞助行为）高相似。因此，对于首因效应而言，消费者会形成相似性检验并启动同化效应，跟随品牌的赞助评价会向竞争品牌的赞助评价靠拢。与低首因效应相比，高首因效应更能提升跟随品牌的品牌评价。基于此，本书得出假设 H5a。

　　H5a：在跟随品牌采取高相似定位的情况下，与低首因效应相比，高首因效应更能提升跟随品牌的品牌评价。

　　当跟随品牌采取低相似的跟随定位时，其赞助行为与竞争品牌的赞助行为（赞助过程、赞助对象、赞助方式、赞助广告等）低相似。因此，对于首因效应而言，消费者会形成相异性检验并启动对比效应，跟随品牌的赞助评价会与竞争品牌的赞助评价相悖。所以，与高首因效应相比，低首因效应更能提升跟随品牌的品牌评价。基于此，本书得出假设 H5b。

　　H5b：在跟随品牌采取低相似定位的情况下，与高首因效应相比，低首因效应更能提升跟随品牌的品牌评价。

3.2.6　同化效应与对比效应的中介作用

　　同化效应指消费者对于特定事物的态度不自觉地偏向于其他事物，尤其是在两种事物相似的情况下。通过同化效应，消费者可能会将比较对象与标准混淆，进而将对比较对象的评价向比较标准的评价靠拢。在赞助跟随的过程中，通过同化效应，消费者会将跟随品牌的评价向竞争品牌的评价靠拢。因此，同化效应在赞助跟随过程中起到中介作用（Pieters R, Koelemeijer K and Roest H，1995）。同理，对比效应指的是对某一刺激的知觉和判断背离或远离背景信息的情况。对比效应通常会造成消费者对比较对象的评价偏离被比较对象的标准（Horen Femke Van and Pieters Rik，2012）。在赞助跟随的过程中，通过对比效应跟随品牌的评价会与竞争品牌的评价背离。因此，对比效应在赞助跟随过程中起到中介作用。由此，本书提出假设 H6a、H6b、H6c 和 H6d。

H6a：在首因效应影响跟随品牌的品牌评价过程中，同化效应起到中介作用。

H6b：在首因效应影响跟随品牌的品牌评价过程中，对比效应起到中介作用。

H6c：在近因效应影响跟随品牌的品牌评价过程中，同化效应起到中介作用。

H6d：在近因效应影响跟随品牌的品牌评价过程中，对比效应起到中介作用。

3.2.7 控制变量

赞助匹配（sponsorship fit）、赞助态度（sponsorship attitude）、赞助事件涉入度（event involvement）会影响首因效应程度、近因效应程度和非对称关系等变量。因此，以上三个变量为重要的控制变量。

3.3 本章小结

本章确定了本书的具体研究内容，明确了整个研究的假设与概念模型。

首先，本章确定了本研究的自变量——首因效应和近因效应，因变量——跟随品牌的品牌评价，调节变量——非对称品牌关系和跟随定位，中介变量——对比效应和同化效应，并明晰了系列控制变量。

其次，本章确定了研究内容。本书将会研究首因效应的直接影响、近因效应的直接影响、首因效应与近因效应的交互作用、非对称品牌关系的调节作用、跟随定位的调节作用、同化效应与对比效应的中介作用。

最后，基于以上两个方面的分析，本章确立了具体的研究内容，形成了具体的研究假设，构建了本书的概念模型。本书的研究假设汇总表如表 3-1 所示。

表 3-1 研究假设汇总表

研究假设
H1：与低首因效应相比，高首因效应更能提升跟随品牌的品牌评价
H2：与低近因效应相比，高近因效应更能提升跟随品牌的品牌评价
H3a：与高首因、高近因效应时相比，高首因效应更能提升跟随品牌的品牌评价 H3b：与高首因效应相比，高首因、低近因效应更能提升跟随品牌的品牌评价 H3c：与高首因、低近因效应相比，低首因、高近因效应更能提升赞助跟随对跟随品牌的品牌评价
H4a：在强-弱联想型的非对称关系情况下，与低首因效应相比，高首因效应更能提升跟随品牌的品牌评价 H4b：在弱-强联想型的非对称关系情况下，与低首因效应相比，高首因效应不会显著提升跟随品牌的品牌评价 H4c：在强-弱联想型的非对称关系情况下，与低近因效应相比，高近因效应不能显著提升跟随品牌的品牌评价 H4d：在弱-强联想型的非对称关系情况下，与低近因效应相比，高近因效应更能提升跟随品牌的品牌评价
H5a：在跟随品牌采取高相似定位的情况下，与低首因效应相比，高首因效应更能提升跟随品牌的品牌评价 H5b：在跟随品牌采取低相似定位的情况下，与高首因效应相比，低首因效应更能提升跟随品牌的品牌评价
H6a：在首因效应影响跟随品牌的品牌评价过程中，同化效应起到中介作用 H6b：在首因效应影响跟随品牌的品牌评价过程中，对比效应起到中介作用 H6c：在近因效应影响跟随品牌的品牌评价过程中，同化效应起到中介作用 H6d：在近因效应影响跟随品牌的品牌评价过程中，对比效应起到中介作用

具体而言，本书实证研究分为以下六个部分：

研究一：首因效应的直接影响；

研究二：近因效应的直接影响；

研究三：首因效应与近因效应的交互作用；

研究四：非对称品牌关系的调节作用；

研究五：跟随定位的调节作用；

研究六：同化效应与对比效应的中介作用。

第 4 章 研究 1：首因效应的直接影响

4.1 研究假设

外界信息输入大脑时的顺序对消费者对同类信息认知的影响是不容忽视的。最先输入的信息作用最大，最后输入的信息也起较大作用（Lind，et al.，2001）。大脑处理信息的这种特点是形成首因效应的内在原因。首因效应本质上是一种优先效应，当不同的信息结合在一起的时候，消费者总是倾向于重视前面的信息（Yates and Curley，1986）。

根据可接近-可诊断理论（Janakiraman，et al.，2009），若发生相似事件或具有相似属性，消费者可根据该相似事件或相似属性，将该事件的评价部分转移到另一件相似事件上（Aggarwal and Zhang，2006），进而产生溢出效应（spillover effect）。因此，若跟随品牌采取赞助跟随行为，由于其赞助跟随行为具有相似性，根据可接近-可诊断理论，此时会产生溢出效应，消费者对竞争品牌赞助行为的评价会向赞助跟随事件转移。当竞争品牌赞助行为产生的首因效应较高时，意味着消费者对竞争品牌赞助行为印象深刻，独特且评价较高，其转移给赞助跟随事件的评价也较高，根据品牌形象转移理论（Chien，Cornwell and Stokes，2005），赞助对象的品牌评价会向赞助商转移。因此，高评价的赞助跟随事件会更大程度地提升跟随品牌的评价。据此，本书得出假设 H1。

H1：与低首因效应相比，高首因效应更能提升跟随品牌的品牌评价。

4.2 实验设计

本书采用实验法检验假设 H1。根据研究假设，本章节采用了 2（首因效应：高 vs 低）的实验设计。首先是刺激物的设计。对于首因效应的设计，要注意以下五点：

1. 赞助事件代表性：赞助事件代表性越高，其给消费者造成的印象越深刻，越会形成高的首因效应（Biswas, et al., 2010）。因此，在刺激物设计中，对于高的首因效应刺激物设计，应增强赞助赛事在行业中的代表性；对于低的首因效应刺激物设计，应降低赞助赛事在行业中的代表性。

2. 赞助对象影响力：研究表明，赞助对象影响力越强，越容易加深消费者对赞助事件印象，并形成高首因效应（Smith, 2010）。因此，在刺激物设计中，对于高首因效应刺激物设计，应增强其赞助对象影响力；对于低首因效应刺激物设计，应降低其赞助对象影响力。

3. 出乎意料性（unexpected）：研究表明，越是超乎消费者的想象和理解的事件，越容易让消费者留下深刻印象，越容易让消费者形成高的首因效应（Dennis and Ahn, 2001）。因此，在刺激物设计中，对于高首因效应刺激物设计，应增强该赞助事件的出乎意料性；对于低首因效应刺激物设计，应降低该赞助事件的出乎意料性。

4. 时间间隔：有学者发现，时间间隔能够直接影响首因效应在消费者心中的强弱，当时间间隔越长，首因事件在消费者心目中留下的印象越模糊，印象越不强烈，首因效应越弱；时间间隔越短，首因事件在消费者心中留下的印象越强烈，首因效应越强。一般而言，人的记忆以15天为一个周期（Zaharia, et al., 2015），一个记忆周期内发生的事件容易形成高首因。据此，本书将高首因的时间间隔设置为15天（半个月），低首因的时间间隔设置为三个月。

5. 细节描述：刺激物描写得越详细，对细节的描述越细致，消费者越有可能形成较深刻的印象，并形成高的首因；对细节的描写越笼统，甚至不对细节进行描述，越不容易在消费者心目中留下深刻印象，其首因效应也就越淡漠（Martin, et al., 2016）。因此，在刺激物中，高首因效应刺激物的设计，应对赞助细节进行描述；反之则进行笼统的描述。

具体而言，刺激物设计信息如下：

1. 高首因效应刺激物。根据多个现实赞助案例改编而成，考虑到赞助匹配程度、赞助态度、赞助事件涉入度等因素，最终选择的赞助事件为台球用品品牌赞助斯诺克世界杯。本书混合多家网站的报道，精炼并修改描述文字，形成高首因效应刺激物，具体为"A品牌是一家历史悠久的专业生产与销售台球用品的运动品牌。长久以来，A品牌将发展战略集中在新产品研发与推

广方面，很少对台球赛事进行赞助。然而，最近 A 品牌对 2016 年斯诺克世界
杯进行了赞助。斯诺克世界杯是世界职业斯诺克协会、中国台球协会、江苏
体育局和无锡市人民政府联合主办的一项斯诺克赛事，来自 23 个国家和地区
的 24 支球队云集 "斯诺克之城"，争夺世界杯冠军。为了应对 A 品牌的赞助
行为，作为其同行业的竞争对手，在 A 品牌宣布对斯诺克世界杯进行赞助半
个月之后，B 品牌也对一项赛事进行了赞助。"

2. 低首因效应刺激物。根据多个现实赞助案例改编而成，考虑到赞助匹
配程度、赞助态度、赞助事件涉入度等因素，最终选择的赞助事件为羽毛球
用品品牌赞助全国青少年羽毛球锦标赛。本书混合多家网站的报道，精炼并
修改描述文字，形成低首因效应刺激物，具体为 "A 品牌是一家历史悠久的
专业生产与销售羽毛球用品的运动品牌。为了拓展市场，A 品牌经常对羽毛
球赛事进行赞助。据悉，A 品牌赞助了前不久举办的 2016 年全国青少年羽毛
球锦标赛。为了应对 A 品牌的赞助行为，作为其同行业的竞争对手，在 A 品
牌宣布对 2016 年全国青少年羽毛球锦标赛进行赞助三个月之后，B 品牌也对
一项赛事进行了赞助"。

4.3 实验程序

实验在成都市某高校课堂进行，实验的研究环境均设置为大学课堂尾声，
主要是为了保证在一个相对封闭、安静的环境下进行实验以减少外来干扰。
所有被试均为在校本科生。本实验主要采用学生作为被试，是因为学生样本
能够排除收入、职业方面差异的影响，具有较好的同质性，适合进行探索性
研究（Shuptrine，1975）。研究实验程序如下：首先进行前测实验，验证刺激
物的有效性；然后进行正式实验，以检验研究假设。正式实验在前测实验一
周后进行。问卷包括以下部分：

第一，首因效应刺激物描述；

第二，变量测量；

第三，人口统计特征题项。

4.4 变量测量

本书采用 7 分 Likert 量表（最小分值为 1 分，最大分值为 7 分，分值越

高表示越同意）对刺激物进行了变量测量。第一是对赞助匹配的测量，参考Zaharia 等（2015）的研究，题项为"作为台球（羽毛球）用品品牌，我认为A品牌赞助斯诺克世界杯（全国青少年羽毛球锦标赛）是很正常的""作为台球（羽毛球）用品品牌，我认为A品牌赞助斯诺克世界杯（全国青少年羽毛球锦标赛）是合适的""作为台球（羽毛球）用品品牌，我认为A品牌赞助斯诺克世界杯（全国青少年羽毛球锦标赛）是有道理的"。第二是对赞助态度的测量，参考刘英等（2014）的研究，测量题项包括"我认同A品牌对斯诺克世界杯（全国青少年羽毛球锦标赛）的赞助行为"和"我支持A品牌对斯诺克世界杯（全国青少年羽毛球锦标赛）的赞助行为"。第三是对赞助事件涉入度的测量，主要参考杨洋等（2015）的研究，题项包括："我经常观看斯诺克（羽毛球）赛事"和"我对斯诺克（羽毛球）赛事很熟悉"。第四是对首因效应高低程度的测量，参考 Noguchi 等（2014）以及 Reedand Morgan（2006）的研究，从事件回想和事件识别两个维度来测量，测量题项分别为"我觉得A品牌对斯诺克世界杯（全国青少年羽毛球锦标赛）的赞助事件令人印象深刻""我认为A品牌对斯诺克世界杯（全国青少年羽毛球锦标赛）的赞助事件令人难以忘却""我认为在众多的赛事赞助事件当中，A品牌对斯诺克世界杯（全国青少年羽毛球锦标赛）进行赞助是比较独特的""我认为A品牌对斯诺克世界杯（全国青少年羽毛球锦标赛）进行赞助是一件独一无二的事件"。第五是甄别项的设置，测量题项为"A品牌是个台球（羽毛球）用品品牌"。第六是对被试情绪的考察，题项分别为"我现在心情不错"和"我很高兴能参加此次调查"。最后是对跟随品牌（B品牌）品牌评价的考察，参考徐玖平和朱洪军（2008）、Smith（2010）的研究，测量题项包括"经过这次赞助事件，我感觉B品牌更不错了""经过这次赞助事件，我更喜欢B品牌"和"经过这次赞助事件，对我而言，B品牌更具有吸引力"。

4.5 前测实验分析

4.5.1 前测样本

前测主要在四川某高校进行，共有50人参加，一组人员（25人）参加高首因组实验，一组人员（25人）参加低首因组实验。前测样本中，男生35人，女生15人，如表4-1所示。

表 4-1 前测实验样本性别分布

观察值		频率	百分比	有效百分比	累积百分比
有效	男	35	70.0	70.0	70.0
	女	15	30.0	30.0	100.0
	合计	50	100.0	100.0	

为了检验性别是否会显著影响研究变量和操控变量，本书采取单因素方差分析进行检验。结果显示，性别差异没有对各种变量造成显著影响（$p >$ 0.05），如表 4-2 及表 4-3 所示。

表 4-2 性别对各变量影响均值

性别		赞助匹配均值	赞助态度均值	赞助涉入度均值	首因效应均值	首因品牌资产均值	跟随品牌评价均值
男	均值	4.533 3	4.428 6	4.571 4	4.328 6	4.314 3	3.352 4
	N	35	35	35	35	35	35
	标准差	1.596 97	1.563 10	1.558 39	1.513 14	1.839 90	1.606 65
女	均值	5.044 4	4.533 3	4.233 3	4.350 0	4.222 2	3.622 2
	N	15	15	15	15	15	15
	标准差	1.651 68	1.797 49	1.602 08	1.566 39	2.010 55	1.872 38
总计	均值	4.686 7	4.460 0	4.470 0	4.335 0	4.286 7	3.433 3
	N	50	50	50	50	50	50
	标准差	1.614 01	1.618 89	1.563 00	1.513 22	1.872 36	1.675 83

表 4-3 性别对各变量单因素方差分析

变量		平方和	df	均方	F	显著性
赞助匹配均值	组间	2.743	1	2.743	1.054	0.310
	组内	124.904	48	2.602	-	-
	总数	127.647	49	-	-	-
赞助态度均值	组间	0.115	1	0.115	0.043	0.836
	组内	128.305	48	2.673	-	-
	总数	128.420	49	-	-	-

续表

变量		平方和	df	均方	F	显著性
赞助涉入度均值	组间	1.200	1	1.200	0.486	0.489
	组内	118.505	48	2.469	-	-
	总数	119.705	49	-	-	-
首因效应均值	组间	0.005	1	0.005	0.002	0.964
	组内	112.196	48	2.337	-	-
	总数	112.201	49	-	-	-
跟随品牌评价均值	组间	0.765	1	0.765	0.268	0.607
	组内	136.847	48	2.851	-	-
	总数	137.611	49	-	-	-

4.5.2　前测测量质量

测项信度分析显示，赞助匹配的信度为 0.882，赞助态度的信度为 0.843，赞助事件涉入度信度为 0.777，首因效应的信度为 0.885，跟随品牌的品牌评价的信度为 0.896，整体量表信度为 0.863。前测实验表明，本研究信度较高。由于本书量表均参考前人的成熟量表，因此，量表效度有保障。

4.5.3　变量描述

按照高低首因效应分类，对实验各变量均值与标准差进行测量，结果见下表。

表 4-4　前测实验变量描述

首因类型		赞助匹配均值	赞助态度均值	赞助涉入度均值	首因效应均值	跟随品牌评价均值
高首因	均值	5.038 5	4.384 6	4.615 4	5.009 6	3.641 0
	N	26	26	26	26	26
	标准差	1.575 72	2.046 01	1.321 42	1.304 76	1.813 34
低首因	均值	4.500 0	4.083 3	4.354 2	3.822 9	4.013 9
	N	24	24	24	24	24
	标准差	1.665 22	1.723 66	1.631 74	1.552 49	1.692 49
总计	均值	4.780 0	4.240 0	4.490 0	4.440 0	3.820 0
	N	50	50	50	50	50
	标准差	1.625 49	1.885 06	1.469 03	1.535 76	1.748 61

4.5.4 前测结果

首先是赞助匹配检验。数据分析发现，赞助匹配在首因效应类型间不存在显著差异（$M_{高首因}=4.98$，$M_{低首因}=4.38$；$F(1, 48)=1.754$，$p=0.192>0.05$）。因此，赞助匹配操控成功。

其次是赞助态度检验。数据分析发现，赞助态度在首因效应类型间不存在显著差异（$M_{高首因}=4.98$，$M_{低首因}=4.21$；$F(1, 48)=5.176$，$p=0.067>0.05$）。因此，赞助事件涉入度操控成功。

再次是赞助事件涉入度检验。数据分析发现，赞助事件涉入度在首因效应类型间不存在显著差异（$M_{高首因}=4.88$，$M_{低首因}=4.06$；$F(1, 48)=3.625$，$p=0.063>0.05$）。因此，赞助事件涉入度操控成功。

最后是首因效应检验。数据分析发现，首因效应在首因效应类型间存在显著差异（$M_{高首因}=5.05$，$M_{低首因}=4.06$；$F(1, 48)=13.03$，$p=0.00<0.05$）。因此，高低首因效应操控成功。综上所述，前测实验表明，问卷刺激物设计成功，量表可靠。因此，可进行正式实验检验研究假设。

4.6 正式实验

4.6.1 正式实验样本

正式实验主要在四川某高校进行，共对 143 名被试进行实验，剔除甄别项填答错误、漏答题项等样本，最后获得有效样本 123 个。实验分为两组进行，分别为高首因组和低首因组。其中，男性 83 人，女性 40 人。样本的人口统计分布较为均衡。

为了检验性别是否会显著影响研究变量和操控变量，本书采取单因素方差分析进行检验。结果显示，性别差异没有对各种变量造成显著影响（$p>0.05$），结果如表 4-5 及表 4-6 所示。

表 4-5 性别对各变量影响均值

性别		赞助匹配均值	赞助态度均值	赞助涉入度均值	首因效应均值	跟随品牌评价均值
男	均值	4.979 9	4.325 3	4.831 3	4.551 2	3.891 6
	N	83	83	83	83	83
	标准差	1.513 58	1.806 89	1.412 65	1.597 81	1.707 71
女	均值	5.141 7	4.075 0	4.500 0	4.568 8	3.841 7
	N	40	40	40	40	40
	标准差	1.482 83	1.988 91	1.544 22	1.619 18	1.819 47
总计	均值	5.032 5	4.243 9	4.723 6	4.556 9	3.875 3
	N	123	123	123	123	123
	标准差	1.499 49	1.863 55	1.458 73	1.598 16	1.737 51

表 4-6 性别对各变量单因素方差分析

变量		平方和	df	均方	F	显著性
赞助匹配均值	组间	0.706	1	0.706	0.312	0.577
	组内	273.608	121	2.261	-	-
	总数	274.314	122	-	-	-
赞助态度均值	组间	1.691	1	1.691	0.485	0.488
	组内	421.992	121	3.488	-	-
	总数	423.683	122	-	-	-
赞助涉入度均值	组间	2.963	1	2.963	1.397	0.240
	组内	256.639	121	2.121	-	-
	总数	259.602	122	-	-	-
首因效应均值	组间	0.008	1	0.008	0.003	0.955
	组内	311.593	121	2.575	-	-
	总数	311.602	122	-	-	-
跟随品牌评价均值	组间	0.067	1	0.067	0.022	0.882
	组内	368.244	121	3.043	-	-
	总数	368.311	122	-	-	-

4.6.2 测量质量

测项信度分析显示，赞助匹配的信度为 0.890，赞助态度的信度为 0.862，赞助事件涉入度信度为 0.754，首因效应的信度为 0.897，跟随品牌评价的信度为 0.903，整体量表信度为 0.893。可靠性分析表明，本研究信度较高。由于本书量表均参考前人的成熟量表，因此，量表效度有保障。

4.6.3　变量描述

按照高低首因效应分类，对实验各变量均值与标准差进行测量，结果见下表。

表 4-7　正式实验变量描述

首因类型		赞助匹配均值	赞助态度均值	赞助涉入度均值	首因效应均值	跟随品牌评价均值
高首因	均值	5.103 8	4.557 4	4.877 0	5.057 4	3.557 4
	N	61	61	61	61	61
	标准差	1.452 38	1.819 11	1.293 11	1.261 11	1.767 74
低首因	均值	4.962 4	3.935 5	4.572 6	4.064 5	4.188 2
	N	62	62	62	62	62
	标准差	1.553 07	1.869 70	1.601 35	1.745 57	1.662 42
总计	均值	5.032 5	4.243 9	4.723 6	4.556 9	3.875 3
	N	123	123	123	123	123
	标准差	1.499 49	1.863 55	1.458 73	1.598 16	1.737 51

4.6.4　操控检验结果

首先是赞助匹配检验。数据分析发现，赞助匹配在首因效应类型间不存在显著差异（$M_{高首因} = 5.10$，$M_{低首因} = 4.96$；$F(1, 121) = 0.272$，$p = 0.603 > 0.05$）。因此，赞助匹配操控成功。

其次是赞助态度检验。数据分析发现，赞助态度在首因效应类型间不存在显著差异（$M_{高首因} = 4.55$，$M_{低首因} = 3.93$；$F(1, 121) = 3.494$，$p = 0.064 > 0.05$）。因此，赞助态度操控成功。

再次是赞助事件涉入度检验。数据分析发现，赞助事件涉入度在首因效应类型间不存在显著差异（$M_{高首因} = 4.87$，$M_{低首因} = 4.57$；$F(1, 121) = 1.343$，$p = 0.249 > 0.05$）。因此，赞助事件涉入度操控成功。

最后是首因效应检验。数据分析发现，首因效应在首因效应类型间存在显著差异（$M_{高首因} = 5.05$，$M_{低首因} = 4.06$；$F(1, 121) = 13.03$，$p = 0.00 <$

0.05）。因此，高低首因效应操控成功。

4.6.5 假设检验

假设 H1 推测，与低首因效应相比，高首因效应更能提升跟随品牌的品牌评价。单因素方差分析显示，跟随品牌的品牌评价在首因效应类型间存在显著差异，且高首因效应更能提升跟随品牌的品牌评价（$M_{高首因}=4.85$，$M_{低首因}=4.18$；$F(1, 121)=13.03$，$p=0.044<0.05$）。

4.7 小结

本小节着重介绍了本章的研究设计，包括实验组设计、前测实验、正式实验，描述了实证研究的过程。

首先是实验组设计。研究 1 重点分析了首因效应对跟随品牌的品牌评价的影响，比较在两种首因效应的情况下，赞助跟随对跟随品牌的品牌评价影响差异，即检验假设 H1。本书采用实验法检验假设 H1。根据研究假设，本章节采用了 2（首因效应：高 vs 低）的实验设计。情景实验是消费者行为研究中的常用方法，能够较好地操控消费者对情景的反应，并减少无关变量的干扰（Brewer，2000），在赞助研究中被广泛采用（徐玖平和朱洪军，2008；刘凤军和李强，2011；Close and Lacey，2013；Quester, et al.，2013；刘英，等，2014）。

其次是前测实验。前测主要在四川某高校进行，共有 50 人参加，一组人员（25 人）参加高首因组实验，一组人员（25 人）参加低首因组实验。前测实验以发放问卷的形式完成。

最后是正式实验。经过前测实验，本书认为，研究问卷能够较好地操控刺激物，量表能够准确测量。正式实验主要在四川某高校进行，共对 143 名被试进行实验，剔除甄别项填答错误、漏答题项等样本，最后获得有效样本 123 个。实验分为两组进行，分别为高首因组和低首因组。正式实验部分描述了数据的基本特征，包括样本描述、变量描述、量表信度和操控检验。分析结果显示，量表信度和变量操控均符合要求。本章节验证了假设 H1，假设 H1 推测，与低首因效应相比，高首因效应更能提升跟随品牌的品牌评价。单因素方差分析显示，跟随品牌的品牌评价在首因效应类型间存在显著差异，且高首因效应更能提升跟随品牌的品牌评价。

第 5 章　研究 2：近因效应的直接影响

5.1　研究假设

近因效应是指当消费者识记一系列事物时，对末尾部分项目的记忆效果优于中间部分项目的现象，这种现象是由于近因效应的作用。信息前后间隔时间越长，近因效应越明显。其原因在于前面的信息在记忆中逐渐模糊，从而使近期信息在短时记忆中更清晰（Baddeley and Hitch，1993）。近因效应越强，消费者对跟随品牌赞助行为记忆越清晰，印象越深刻，独特且评价较高，越容易形成较高的品牌评价。因此，在赞助跟随过程中，与跟随品牌赞助的低近因效应相比，高近因效应对跟随品牌的品牌评价的提升作用更大。据此，本书提出假设 H2。

H2：与低近因效应相比，高近因效应更能提升跟随品牌的品牌评价。

5.2　实验设计

本书采用实验法检验假设 H2。根据研究假设，本章节采用了 2（近因效应：高 vs 低）的实验设计。首先是刺激物的设计。对于近因效应的设计，要注意以下四点：

1. 赞助事件代表性：赞助事件代表性越高，其给消费者造成的印象越深刻，越会形成高的近因效应（Biswas，et al.，2010）。因此，在刺激物设计中，对于高的近因效应刺激物设计，应增强赞助赛事在行业中的代表性；对于低的近因效应刺激物设计，应降低赞助赛事在行业中的代表性。

2. 赞助对象影响力：研究表明，赞助对象影响力越强，越容易加深消费者对赞助事件印象，并形成高近因效应（Smith，2010）。因此，在刺激物设计中，对于高近因效应刺激物设计，应增强其赞助对象影响力；对于低近因效应刺激物设计，应降低其赞助对象影响力。

3. 出乎意料性（unexpected）：研究表明，越是超乎消费者的想象和理解的事件，越容易让消费者留下深刻印象，越容易让消费者形成高的近因效应（Dennis and Ahn，2001）。因此，在刺激物中，对于高近因效应刺激物设计，应增强该赞助事件的出乎意料性；对于低近因效应刺激物设计，应降低该赞助事件的出乎意料性。

4. 细节描述：刺激物描写得越详细，对细节的描述越细致，消费者越有可能形成较深刻的印象，并形成高的近因；对细节的描写越笼统，甚至不对细节进行描述，越不容易在消费者心目中留下深刻印象，其近因效应也就越淡漠（Martin, et al.，2016）。因此，在刺激物中，高近因效应刺激物的设计，应对赞助细节进行描述；反之则进行笼统的描述。

具体而言，刺激物设计信息如下：

1. 高近因效应刺激物。根据多个现实赞助案例改编而成，考虑到赞助匹配程度、赞助态度、赞助事件涉入度等因素，最终选择的赞助事件为体育用品品牌赞助上海马拉松。本书混合多家网站的报道，精炼并修改描述文字，形成高近因效应刺激物，具体为"A 品牌是一个运动用品品牌，其对一项马拉松赛事进行了赞助。为了应对 A 品牌的赞助行为，作为其同行业的竞争对手，日前，B 品牌宣布对上海国际马拉松赛进行赞助。上海国际马拉松赛是由中国田径协会、上海市体育总会主办，起始于 1996 年，已连续举行了 20届。上海国际马拉松赛的比赛规模逐年扩大，2016 年参与人数已达 3.8 万余人，比赛规模位居全球前五。B 品牌由于是第一次对马拉松赛事进行赞助，因此引起了业界的广泛注意"。

2. 低近因效应刺激物。根据多个现实赞助案例改编而成，考虑到赞助匹配程度、赞助态度、赞助事件涉入度等因素，最终选择的赞助事件为体育用品品牌赞助全国游泳锦标赛。本书混合多家网站的报道，精炼并修改描述文字，形成低近因效应刺激物，具体为"A 品牌是一个运动用品品牌，其对一项马拉松赛事进行了赞助。为了应对 A 品牌的赞助行为，作为其同行业的竞争对手，日前，B 品牌宣布对全国游泳锦标赛进行赞助。近年来，B 品牌已多次对体育赛事进行赞助。因此，这次 B 品牌对全国游泳锦标赛的赞助并没有出乎业界意料"。

5.3 实验程序

实验在成都市某高校课堂进行，实验的研究环境均设置为大学课堂尾声，主要是为了保证在一个相对封闭、安静的环境下进行实验以减少外来干扰。所有被试均为在校本科生。本实验主要采用学生作为被试，是因为学生样本能够排除收入、职业方面差异的影响，具有较好的同质性，适合进行探索性研究（Shuptrine，1975）。研究实验程序如下：首先进行前测实验，验证刺激物的有效性；然后进行正式实验，以检验研究假设。正式实验在前测实验一周后进行。问卷包括以下部分：

第一，近因效应刺激物描述；

第二，变量测量；

第三，人口统计特征题项。

5.4 变量测量

本书采用 7 分 Likert 量表（最小分值为 1 分，最大分值为 7 分，分值越高表示越同意）对刺激物进行了变量测量。第一是对赞助匹配的测量，参考 Zaharia 等（2015）的研究，题项为"作为体育用品品牌，我认为 B 品牌赞助上海马拉松（全国游泳锦标赛）是很正常的""作为体育用品品牌，我认为 B 品牌赞助上海马拉松（全国游泳锦标赛）是合适的""作为体育用品品牌，我认为 B 品牌赞助上海马拉松（全国游泳锦标赛）是有道理的"。第二是对赞助态度的测量，参考刘英等（2014）的研究，测量题项包括"我认同 B 品牌对上海马拉松（全国游泳锦标赛）的赞助行为"和"我支持 B 品牌对上海马拉松（全国游泳锦标赛）的赞助行为"。第三是对赞助事件涉入度的测量，主要参考杨洋等（2015）的研究，题项包括"我经常观看上海马拉松（全国游泳锦标赛）赛事"和"我对上海马拉松（全国游泳锦标赛）赛事很熟悉"。第四是对近因效应高低程度的测量，参考 Noguchi 等（2014）以及 Reed 和 Morgan（2006）的研究，从事件回想和事件识别两个维度来测量，测量题项分别为"我觉得 B 品牌对上海马拉松（全国游泳锦标赛）的赞助事件令人印象深刻""我认为 B 品牌对上海马拉松（全国游泳锦标赛）的赞助事件令人难以忘却""我认为在众多的赛事赞助事件当中，B 品牌对上海马拉松（全国游泳锦标赛）的赞助是比较独特的""我认为 B 品牌对上海马拉松（全国游泳锦标赛）进行赞助是一件独一无二的事件"。第五是甄别项的设置，测量题项为"B 品牌是个体育用品品牌"。第六是对被试情绪的考察，题项分别为"我现在心情不错"和"我很高兴能参加此次调查"。最后是对跟随品牌（B 品牌）品牌评价的考察，参考徐玖平和朱洪军（2008）、Smith（2010）的研究，测量题项包括"经过这次赞助事件，我感觉 B 品牌更不错了""经过这次赞助事件，我更喜欢 B 品牌了"和"经过这次赞助事件，对我而言，B 品牌更具有吸引力了"。

5.5 前测实验分析

5.5.1 前测样本

前测主要在四川某高校进行，共有 46 人参加，一组人员（21 人）参加高近因组实验，一组人员（25 人）参加低近因组实验。前测实验以发放问卷的形式完成。前测样本中，男生 26 人，女生 20 人，如表 5-1 所示。

表 5-1 前测实验样本性别分布

观察值		频率	百分比	有效百分比	累积百分比
有效	男	26	56.5	56.5	56.5
	女	20	43.5	43.5	100.0
	合计	46	100.0	100.0	-

为了检验性别是否会显著影响研究变量和操控变量，本书采取单因素方差分析进行检验。结果显示，性别差异没有对各种变量造成显著影响（$p >$ 0.05），如表 5-2 及表 5-3 所示。

表 5-2 性别对各变量影响均值

性别		赞助匹配均值	赞助态度均值	赞助涉入度均值	近因效应均值	跟随品牌的品牌评价均值
男	均值	4.859 0	4..038 5	4.865 4	4.173 1	4.294 9
	N	26	26	26	26	26
	标准差	1.421 03	1.580 65	1.308 11	1.524 42	1.452 44

续表

性别		赞助匹配均值	赞助态度均值	赞助涉入度均值	近因效应均值	跟随品牌的品牌评价均值
女	均值	4.733 3	4.375 0	4.500 0	4.012 5	4.533 3
	N	20	20	20	20	20
	标准差	1.391 70	1.684 88	1.581 14	1.496 65	1.605 55
总计	均值	4.804 3	4.184 8	4.706 5	4.103 3	4.398 6
	N	46	46	46	46	46
	标准差	1.394 13	1.617 13	1.428 19	1.497 75	1.508 20

表 5-3 性别对各变量单因素方差分析

变量		平方和	df	均方	F	显著性
赞助匹配均值	组间	0.178	1	0.178	0.090	0.766
	组内	87.283	44	1.984	–	–
	总数	87.461	45	–	–	–
赞助态度均值	组间	1.280	1	1.280	0.484	0.490
	组内	116.399	44	2.645	–	–
	总数	117.679	45	–	–	–
赞助涉入度均值	组间	1.509	1	1.509	0.736	0.396
	组内	90.279	44	2.052	–	–
	总数	91.788	45	–	–	–
近因效应均值	组间	0.291	1	0.291	0.127	0.723
	组内	100.656	44	2.288	–	–
	总数	100.947	45	–	–	–
跟随品牌的品牌评价均值	组间	0.643	1	0.643	0.278	0.601
	组内	101.717	44	2.312	–	–
	总数	102.360	45	–	–	–

5.5.2 前测测量质量

测项信度分析显示，赞助匹配的信度为 0.800，赞助态度的信度为 0.859，赞助事件涉入度信度为 0.793，近因效应的信度为 0.814，跟随品牌赞助评价的信度为 0.781，整体量表信度为 0.897。前测实验表明，本研究信度较高。由于本书量表均参考前人的成熟量表，因此，量表效度有保障。

5.5.3 变量描述

按照高低近因效应分类，对实验各变量均值与标准差进行测量，结果见下表。

表 5-4 前测实验变量描述

近因类型		赞助匹配均值	赞助态度均值	赞助涉入度均值	近因效应均值	跟随品牌的品牌评价均值
高首因	均值	4.619 0	4.523 8	4.333 3	4.857 1	4.603 2
	N	21	21	21	21	21
	标准差	1.309 31	1.355 32	1.551 88	1.411 05	1.360 63
低近因	均值	4.960 0	3.900 0	5.020 0	4.100 0	4.226 7
	N	25	25	25	25	25
	标准差	1.469 82	1.785 36	1.262 27	1.595 89	1.629 36
总计	均值	4.804 3	4.184 8	4.706 5	4.103 3	4.398 6
	N	46	46	46	46	46
	标准差	1.394 13	1.617 13	1.428 19	1.497 75	1.508 20

5.5.4 前测结果

首先是赞助匹配检验。数据分析发现，赞助匹配在近因效应类型间不存在显著差异（$M_{高近因}=4.61$，$M_{低近因}=4.96$；$F(1, 44)=0.678$，$p=0.415>0.05$）。因此，赞助匹配操控成功。

其次是赞助态度检验。数据分析发现，赞助态度在近因效应类型间不存在显著差异（$M_{高近因}=4.61$，$M_{低近因}=4.96$；$F(1, 44)=1.726$，$p=0.196>0.05$）。因此，赞助事件涉入度操控成功。

再次是赞助事件涉入度检验。数据分析发现，赞助事件涉入度在近因效应类型间不存在显著差异（$M_{高近因}=4.33$，$M_{低近因}=5.02$；$F(1, 44)=2.740$，$p=0.105>0.05$）。因此，赞助事件涉入度操控成功。

最后是近因效应检验。数据分析发现，高低近因效应存在显著差异（$M_{高近因}=4.85$，$M_{低近因}=4.10$；$F(1, 44)=0.663$，$p=0.007<0.05$）。因此，高低近因效应操控成功。

综上所述，前测实验表明，问卷刺激物设计成功，量表可靠。因此，可进行正式实验检验研究假设。

5.6 正式实验

5.6.1 正式实验样本

正式实验主要在四川某高校进行，共对 150 名被试进行实验，剔除甄别项填答错误、漏答题项等样本，最后获得有效样本 125 个。实验分为两组进行，分别为高近因组和低近因组。其中，男性 73 人，女性 52 人。样本的人口统计分布较为均衡，如表 5-5 所示。

表 5-5 正式实验样本性别分布

观察值		频率	百分比	有效百分比	累积百分比
有效	男	73	58.4	58.4	58.4
	女	52	41.6	41.6	100.0
	合计	125	100.0	100.0	-

为了检验性别是否会显著影响研究变量和操控变量，本书采取单因素方差分析进行检验，结果显示性别差异没有对各种变量造成显著影响（$p > 0.05$），如表 5-6 及表 5-7 所示。

表 5-6 性别对各变量影响均值

性别		跟随品牌评价均值	赞助匹配均值	赞助态度均值	赞助涉入度均值	近因效应均值
男	均值	4.497 7	5.059 4	4.047 9	4.815 1	4.541 1
	N	73	73	73	73	73
	标准差	1.590 02	1.330 25	1.669 09	1.410 54	1.547 86
女	均值	4.506 4	4.711 5	3.990 4	4.500 0	3.927 9
	N	52	52	52	52	52
	标准差	1.666 65	1.573 24	1.775 35	1.590 41	1.536 59
总计	均值	4.501 3	4.914 7	4.024 0	4.684 0	4.286 0
	N	125	125	125	125	125
	标准差	1.615 68	1.440 52	1.707 26	1.489 93	1.566 63

表 5-7 性别对各变量单因素方差分析

变量		平方和	df	均方	F	显著性
赞助匹配均值	组间	3.674	1	3.674	1.782	0.184
	组内	253.638	123	2.062	-	-
	总数	257.312	124	-	-	-
赞助态度均值	组间	0.101	1	0.101	0.034	0.853
	组内	361.327	123	2.938	-	-
	总数	361.428	124	-	-	-
赞助涉入度均值	组间	3.015	1	3.015	1.362	0.245
	组内	272.253	123	2.213	-	-
	总数	275.268	124	-	-	-
近因效应均值	组间	11.419	1	11.419	4.795	0.090
	组内	292.919	123	2.381	-	-
	总数	304.338	124	-	-	-
跟随品牌评价均值	组间	0.002	1	0.002	0.001	0.976
	组内	323.692	123	2.632	-	-
	总数	323.694	124	-	-	-

5.6.2 测量质量

测项信度分析显示，赞助匹配的信度为 0.887，赞助态度的信度为 0.816，赞助事件涉入度信度为 0.806，近因效应的信度为 0.932，跟随品牌评价的信度为 0.903，整体量表信度为 0.885。可靠性分析表明，本研究信度较高。由于本书量表均参考前人的成熟量表，因此，量表效度有保障。

5.6.3 变量描述

按照高低近因效应分类，对实验各变量均值与标准差进行测量，结果见表 5-8。

表 5-8 正式实验变量描述

近因类型		跟随品牌的品牌评价均值	赞助匹配均值	赞助态度均值	赞助涉入度均值	近因效应均值
高近因	均值	4.888 9	4.738 9	4.291 7	4.266 7	4.450 0
	N	60	60	60	60	60
	标准差	1.602 10	1.478 14	1.552 18	1.663 33	1.478 52
低近因	均值	4.512 8	5.076 9	3.776 9	4.569 2	4.134 6
	N	65	65	65	65	65
	标准差	1.640 50	1.396 63	1.815 80	1.198 56	1.640 60
总计	均值	4.501 3	4.914 7	4.024 0	4.684 0	4.286 0
	N	125	125	125	125	125
	标准差	1.615 68	1.440 52	1.707 26	1.489 93	1.566 63

5.6.4 操控检验结果

首先是赞助匹配检验。数据分析发现，赞助匹配在近因效应类型间不存在显著差异（$M_{高近因} = 4.73$，$M_{低近因} = 5.07$；$F(1, 123) = 1.728$，$p = 0.191 > 0.05$）。因此，赞助匹配操控成功。

其次是赞助态度检验。数据分析发现，赞助态度在近因效应类型间不存在显著差异（$M_{高近因} = 4.29$，$M_{低近因} = 3.77$；$F(1, 123) = 2.879$，$p = 0.092 > 0.05$）。因此，赞助态度操控成功。

再次是赞助事件涉入度检验。数据分析发现，赞助事件涉入度在近因效应类型间不存在显著差异（$M_{高近因} = 4.26$，$M_{低近因} = 4.56$；$F(1, 123) = 9.687$，$p = 0.332 > 0.05$）。因此，赞助事件涉入度操控成功。

最后是近因效应检验。数据分析发现，近因效应在近因效应类型间存在显著差异（$M_{高近因} = 4.45$，$M_{低近因} = 4.13$；$F(1, 123) = 1.267$，$p = 0.002 < 0.05$）。因此，高低近因效应操控成功。

5.6.5 假设检验

假设 H2 推测，与低近因效应相比，高近因效应更能提升跟随品牌的品牌评价。单因素方差分析显示，跟随品牌的品牌评价在近因效应类型间存在显著差异，且高近因效应更能提升跟随品牌的品牌评价（$M_{高近因} = 4.88$，$M_{低近因} = 4.51$；$F(1, 123) = 0.007$，$p = 0.034 < 0.05$）。

5.7 小结

本小节着重介绍了本章的研究设计，包括实验组设计、前测实验、正式实验，描述了实证研究的过程。

首先是实验组设计。研究 2 重点分析了近因效应对跟随品牌的品牌评价的影响，比较在两种近因效应的情况下，赞助跟随对跟随品牌的品牌评价影响差异，即检验假设 H2。本书采用实验法检验假设 H2。根据研究假设，本章节采用了 2（近因效应：高 vs 低）的实验设计。情景实验是消费者行为研究中的常用方法，能够较好地操控消费者对情景的反应，并减少无关变量的干扰（Brewer，2000），在赞助研究中被广泛采用（徐玖平和朱洪军，2008；刘凤军和李强，2011；Close and Lacey，2013；Quester，et al.，2013；刘英，等，2014）。

其次是前测实验。前测主要在四川某高校进行，共有 46 人参加，一组人员（21 人）参加高近因组实验，一组人员（25 人）参加低近因组实验。前测实验以发放问卷的形式完成。前测样本中男生 26 人，女生 20 人。

最后是正式实验。经过前测实验，本书认为，研究问卷能够较好地操控刺激物，量表能够准确测量。正式实验主要在四川某高校进行，共对 150 名被试进行实验，剔除甄别项填答错误、漏答题项等样本，最后获得有效样本 125 个。实验分为两组进行，分别为高近因组和低近因组。其中，男性 73 人，女性 52 人。正式实验部分描述了数据的基本特征，包括样本描述、变量描述、量表信度和操控检验。分析结果显示，量表信度和变量操控均符合要求。本章节验证了假设 H2，假设 H2 推测，与低近因效应相比，高近因效应更能提升跟随品牌的品牌评价。单因素方差分析显示，跟随品牌的品牌评价在近因效应类型间存在显著差异，且高近因效应更能提升跟随品牌的品牌评价。

第 6 章　研究 3：首因效应与近因效应的交互情况

6.1　研究假设

根据现实发生的赞助现象，本书总结了三种常见的首因效应与近因效应交互的情况，并比较得出哪类交互情况对跟随品牌的评价提升最大。

第一是考查在"高首因、高近因"情况下，赞助跟随效果如何。对于"高首因、高近因"的情况，由于前后赞助事件在消费者心目中的记忆强度都很高，且两次赞助行为具有一定相似性，因此，消费者容易启动模仿（copycat）思维，模仿思维会启动消费者的对比效应，通常会造成消费者对比较对象的评价偏离被比较对象（Horen Femke Van and Pieters Rik，2012）。即是说，与跟随品牌采取赞助跟随行为并形成高首因、高近因时相比，竞争品牌赞助事件形成高首因效应时，赞助跟随对跟随品牌的品牌评价的提升作用更大。据此，本书得出假设 H3a。

H3a：与高首因、高近因效应相比，高首因效应更能提升跟随品牌的品牌评价。

第二是考查在"高首因、低近因"情况下，赞助跟随效果如何。对于"高首因、低近因"的情况，由于高首因效应在消费者心目中的记忆强度较高，低近因效应在消费者心目中的记忆强度较低，且两次赞助行为具有一定相似性，因此，消费者容易启动混淆（confusion）思维，进而启动消费者的同化效应，同化效应会使消费者对比较对象的评价偏向被比较对象（Craven，1997）。即是说，消费者对跟随品牌的评价会偏向于记忆强度更高的首因效应。也就是说，与竞争品牌形成的首因效应较高时相比，跟随品牌采取赞助跟随行为并形成高首因、低近因时，赞助跟随对跟随品牌的品牌评价的提升作用更大。据此，本书得出假设 H3b。

H3b：与高首因效应相比，高首因、低近因效应更能提升跟随品牌的品牌评价。

第三是对比"高首因、低近因"和"低首因、高近因"，哪一类赞助跟随效果更好。根据纳入-排除模型（Schwarz and Bless，1992），目标信息与比较标准较接近或相似可能被纳入，反之则被排除，较远的过去事件会被排除出当前的自我意识，从而在比较时产生对比效应；而较近的事件会被纳入当前的自我意识，从而产生同化效应。竞争品牌赞助行为发生在前，根据纳入-排除模型，时间顺序在先产生的信息可得性较弱，从而在比较时产生对比效应；跟随品牌赞助行为发生在后，根据纳入-排除模型，时间顺序在后产生的信息可得性较强，从而在比较时产生同化效应。因此，在高首因、低近因的情况下，根据对比效应，跟随品牌的品牌评价不会显著提升；根据同化效应，跟随品牌的品牌评价不会显著提升。两者对跟随品牌的品牌评价的影响方向相同，跟随品牌的品牌评价不会显著提升。在低首因、高近因的情况下，根据对比效应，跟随品牌的品牌评价会显著提升；根据同化效应，跟随品牌的品牌评价会显著提升。两者对跟随品牌的品牌评价的影响方向相同，跟随品牌的品牌评价会显著提升。因此，与高首因效应、低近因效应相比，低首因效应、高近因效应更能提升赞助跟随对跟随品牌的品牌评价。据此，本书得出假设 H3c。

H3c：与高首因、低近因效应相比，低首因、高近因效应更能提升赞助跟随对跟随品牌的品牌评价。

6.2 实验设计

本章节主要探讨首因效应与近因效应的交互作用对跟随品牌赞助评价的影响。根据研究假设，本章节采用了 2（首因效应：高 vs 低）X2（近因效应：高 vs 低）的实验设计。首先是刺激物的设计。对于首因效应与近因效应的设计，要注意以下六点：

1. 赞助事件代表性：赞助事件代表性越高，其给消费者造成的印象越深刻，越会形成高的首因效应或近因效应（Biswas，et al.，2010）。因此，在刺激物设计中，对于高的首因效应或近因效应的刺激物设计，应增强赞助赛事在行业中的代表性。

2. 出乎意料性（unexpected）：研究表明，越是超乎消费者的想象和理解的事件，越容易让消费者留下深刻印象，越容易让消费者形成高的首因效应或近因效应（Dennis and Ahn，2001）。因此，在刺激物设计中，对于高的首因效应或近因效应的刺激物设计，应增强该赞助事件的出乎意料性。

3. 赞助事件影响力：研究表明，赞助对象影响力越强，越容易加深消费者对赞助事件的印象，并形成高首因或近因效应（Smith，2010）。因此，在刺激物设计中，对于高首因效应或近因效应刺激物设计，应增强其赞助对象影响力；对于低首因或近因效应刺激物设计，应降低其赞助对象影响力。

4. 时间间隔：有学者发现，时间间隔能够直接影响首因效应在消费者心中的强弱，当时间间隔越长，首因事件在消费者心目中留下的印象越模糊，印象越不强烈，首因效应越弱；时间间隔越短，首因事件在消费者心中留下的印象越强烈，首因效应越强。一般而言，人的记忆以 15 天为一个周期（Zaharia，et al.，2015），一个记忆周期内发生的事件容易形成高首因。据此，本书将高首因的时间间隔设置为 15 天（半个月），低首因的时间间隔设置为三个月。

5. 细节描述：刺激物描写得越详细，对细节的描述越细致，消费者越有可能形成较深刻的印象，并形成高的首因或近因效应；对细节的描写越笼统，甚至不对细节进行描述，越不容易在消费者心目中留下深刻印象，其首因效应或近因效应也就越淡漠（Martin，et al.，2016）。因此，在刺激物中，高的首因效应或近因效应刺激物的设计，应对赞助细节进行描述；反之则进行笼统的描述。

6. 叙事结构：当刺激物为 A＋B 的叙事形式时，A 段叙事完成，马上请被试评价 A，评价完成后，再对 B 进行叙述并评价，这时呈现的是较强的首因效应（被试对 A 印象较为深刻）；在 A＋B 叙事完成后，再统一问 A、B 的印象，这时呈现的更多的是近因效应（被试对 B 印象较为深刻）（Wang and Shukla，2013）。因此，在刺激物设计中，当试图呈现高首因效应时，刺激物呈现形式均为叙事 A—问题 A—叙事 B—问题 B；当试图呈现高近因效应时，刺激物呈现形式均为叙事 A—叙事 B—问题 A—问题 B。

具体而言，刺激物设计信息如下：

1. 高首因效应刺激物。根据多个现实赞助案例改编而成，考虑到赞助匹配程度、赞助态度、赞助事件涉入度等因素，最终选择的赞助事件为篮球用品品牌赞助男篮世界杯。本书混合多家网站的报道，精炼并修改描述文字，形成高首因效应刺激物，具体为"A 品牌是一家历史悠久的专业生产与销售篮球用品的运动品牌。长久以来，A 品牌将发展战略集中在新产品研发与推广方面，很少对篮球赛事进行赞助。然而，最近 A 品牌对男篮世界杯进行了赞助。男篮世界杯官方消息称，此次赞助费用在 700 万元人民币左右，A 品牌更是配套了更多的资金参与此次赞助宣传，在篮球赛场的广告牌、体育馆场外大屏、FIBA 官方网站均能看到 A 品牌的赞助广告。据估计，全球有超过 5500 万的观众能观看到 A 品牌的赞助广告"。

2. 低首因效应刺激物。设计原则同上，选择的赞助事件为篮球用品品牌赞助男篮亚洲杯，具体为 "A 品牌是一家历史悠久的专业生产与销售篮球用品的运动品牌。为了拓展市场，A 品牌经常对篮球赛事进行赞助。据悉，A 品牌赞助了前不久举办的男篮亚洲杯"。

3. 高近因效应刺激物。根据多个现实赞助案例改编而成，考虑到赞助匹配程度、赞助态度、赞助事件涉入度等因素，最终选择的赞助事件为篮球用品品牌赞助奥运会男篮赛事。本书混合多家网站的报道，精炼并修改描述文字，形成高近因效应刺激物，具体为 "B 品牌是一家历史悠久的专业生产与销售篮球用品的运动品牌。长久以来，由于公司发展战略的考虑，B 品牌很少对篮球赛事进行赞助。然而，最近为了应对 A 品牌前不久的赞助行为，在 A 品牌宣布其赞助活动半个月之后，B 品牌宣布对即将举行的奥运会男篮比赛进行赞助。据奥运会男篮组委会官方消息，此次赞助费用在 700 万元人民币左右。据权威人士分析，B 品牌赞助奥运会男篮比赛的主要目的在于快速打开海外市场。B 品牌目前正处于打开国际市场的关键阶段，通过赞助在海外举办的大型有影响力的赛事，可以以正式的渠道在海外宣传与推广自身产品与品牌"。

4. 低近因效应刺激物。设计原则同上，选择的赞助事件为篮球用品品牌赞助女篮世界杯，具体为 "B 品牌是一家历史悠久的专业生产与销售篮球用品的运动品牌。为了拓展市场，B 品牌经常对篮球赛事进行赞助。据悉，为了应对 A 品牌前不久的赞助行为，在 A 品牌宣布其赞助决定的三个月之后，B 品牌宣布对女篮世界杯进行赞助"。

为了更好地形成问卷效果，考虑到叙事结构对被试的首因效应和近因效应形成会造成影响，针对不同的刺激目的，本书对问卷叙事结构做了特殊安排。具体而言，对于高首因、低近因效应的问卷，其问卷的结构为高首因效应刺激物—关于高首因效应问题—低近因效应刺激物—关于低近因效应问题；对于高首因、高近因效应的问卷，其问卷的结构为高首因效应刺激物—高近因效应刺激物—关于高首因效应问题—关于高近因效应问题；对于低首因、高近因效应的问卷，其问卷结构为低首因效应刺激物—高近因效应刺激物—关于低首因效应问题—关于高近因效应问题；对于低首因、低近因效应的问卷，其问卷结构为低首因效应刺激物—关于低首因效应问题—低近因效应刺激物—关于低近因效应问题。

6.3　实验程序

实验在成都市某高校课堂进行，实验的研究环境均设置为大学课堂尾声，主要是为了保证在一个相对封闭、安静的环境下进行实验以减少外来干扰。所有被试均为在校本科生。研究实验程序如下：首先进行前测实验，验证刺激物的有效性；然后进行正式实验，以检验研究假设。正式实验在前测实验一周后进行。问卷包括以下部分：

第一，首因效应以及近因效应刺激物描述；

第二，变量测量；

第三，人口统计特征题项。

6.4　变量测量

本书采用 7 分 Likert 量表（最小分值为 1 分，最大分值为 7 分，分值越高表示越同意）对刺激物进行了变量测量。第一是对赞助匹配的测量，参考 Zaharia 等（2015）的研究，题项为"作为篮球用品品牌，我认为 A 品牌赞助男篮世界杯（男篮亚洲杯）是很正常的""作为篮球用品品牌，我认为 A 品牌赞助男篮世界杯（男篮亚洲杯）是合适的""作为篮球用品品牌，我认为 A 品牌赞助男篮世界杯（男篮亚洲杯）是有道理的"。第二是对赞助态度的测量，参考刘英等（2014）的研究，测量题项包括"我经常观看篮球赛事"和"我对篮球赛事很熟悉"。第三是对赞助事件涉入度的测量，主要参考杨洋等（2015）的研究，题项包括"我认同 A 品牌对男篮世界杯（男篮亚洲杯）的赞助行为"和"我支持 A 品牌对男篮世界杯（男篮亚洲杯）的赞助行为"。第四是对于首因效应高低程度的测量，参考 Noguchi 等（2014）以及 Reed 和 Morgan（2006）的研究，从事件回想和事件识别两个维度来测量，测量题项分别为"我觉得 A 品牌对男篮世界杯（男篮亚洲杯）的赞助事件令人印象深刻""我认为 A 品牌对男篮世界杯（男篮亚洲杯）的赞助事件令人难以忘却""我认为在众多的赛事赞助事件当中，A 品牌对男篮世界杯（男篮亚洲杯）进行赞助是比较独特的""我认为 A 品牌对男篮世界杯（男篮亚洲杯）进行赞助是一件独一无二的事件"。第五是甄别项的设置，测量题项为"A 品牌是个篮球用品品牌"。第六是对被试情绪的考察，题项分别为"我现在心情不错"和"我很高兴能参加此次调查"。最后是对跟随品牌（B 品牌）品牌评价的考察，参考徐玖平和朱洪军（2008）、Smith（2010）的研究，测量题项包括"经过这次赞助事件，我感觉 B 品牌更不错了""经过这次赞助事件，我更喜欢 B 品牌了"和"经过这次赞助事件，对我而言，B 品牌更具有吸引力了"。对于近因效应相关控制变量的测量，与首因效应控制变量的测量相同。

6.5　前测实验

6.5.1　前测样本

本书通过前测实验检查各控制变量是否操控成功，高低首因效应与高低近因效应是否操控成功。

前测主要在四川某高校进行，共有 50 人参加，男生 37 人，女生 13 人。一组人员（25 人）参加高首因、低近因组实验，一组人员（25 人）参加低首因、高近因组实验。前测实验以发放问卷的形式完成。本实验主要采用学生作为被试，因为学生样本能够排除收入、职业方面差异的影响，具有较好的同质性，适合进行探索性研究（Shuptrine，1975），如表 6-1 所示。

表 6-1　前测实验样本性别分布

观察值		频率	百分比	有效百分比	累积百分比
有效	男	37	74.0	74.0	74.0
	女	13	26.0	26.0	100.0
	合计	50	100.0	100.0	-

为了检验性别是否会显著影响研究变量和操控变量，本书采取单因素方差分析进行检验。结果显示，性别差异没有对各种变量造成显著影响（$p >$ 0.05），如表 6-2、表 6-3、表 6-4 及表 6-5 所示。

表 6-2　性别对各变量影响均值（首因效应）

性别		首因赞助匹配	首因赞助态度	首因赞助涉入度	首因效应
男	均值	3.864 9	3.837 8	3.743 2	3.858 1
	N	37	37	37	37
	标准差	1.754 11	1.650 14	1.938 72	1.689 98
女	均值	3.743 6	3.730 8	3.653 8	3.826 9
	N	13	13	13	13
	标准差	1.678 59	1.832 75	1.983 10	1.771 84
总计	均值	3.833 3	3.810 0	3.720 0	3.850 0
	N	50	50	50	50
	标准差	1.718 58	1.680 90	1.930 32	1.693 32

表 6-3　性别对各变量影响（近因效应）

性别		近因赞助匹配	近因赞助态度	近因赞助涉入度	近因效应
男	均值	4.342 3	4.378 4	4.500 0	4.324 3
	N	37	37	37	37
	标准差	1.572 30	1.831 08	1.878 24	1.533 04
女	均值	4.384 6	4.461 5	4.423 1	4.461 5
	N	13	13	13	13
	标准差	1.413 21	1.919 87	1.605 28	1.638 87
总计	均值	4.353 3	4.400 0	4.480 0	4.360 0
	N	50	50	50	50
	标准差	1.518 46	1.835 03	1.795 57	1.545 37

表 6-4　性别对各变量单因素方差分析（首因效应）

变量		平方和	df	均方	F	显著性
首因赞助匹配	组间	0.141	1	0.141	0.047	0.829
	组内	144.581	48	3.012	-	-
	总数	144.722	49	-	-	-
首因赞助态度	组间	0.110	1	0.110	0.038	0.846
	组内	138.335	48	2.882	-	-
	总数	138.445	49	-	-	-

续表

变量		平方和	df	均方	F	显著性
首因赞助涉入度	组间	0.077	1	0.077	0.020	0.888
	组内	182.503	48	3.802	-	-
	总数	182.580	49	-	-	-
	总数	147.431	49	-	-	-
首因效应	组间	0.009	1	0.009	0.003	0.955
	组内	140.491	48	2.927	-	-
	总数	140.500	49	-	-	-

表 6-5　性别对各变量单因素方差分析（近因效应）

变量		平方和	df	均方	F	显著性
近因赞助匹配均值	组间	0.017	1	0.017	0.007	0.932
	组内	112.963	48	2.353	-	-
	总数	112.980	49	-	-	-
近因赞助态度均值	组间	0.067	1	0.067	0.019	0.890
	组内	164.933	48	3.436	-	-
	总数	165.000	49	-	-	-
近因赞助涉入度均值	组间	0.057	1	0.057	0.017	0.896
	组内	157.923	48	3.290	-	-
	总数	157.980	49	-	-	-
近因效应均值	组间	0.181	1	0.181	0.074	0.786
	组内	116.839	48	2.434	-	-
	总数	117.020	49	-	-	-

6.5.2　前测测量质量

测项信度分析显示，首因赞助匹配的信度为 0.882，首因赞助态度的信度为 0.843，首因赞助事件涉入度信度为 0.777，首因效应的信度为 0.885；近因赞助匹配的信度为 0.875，近因赞助态度的信度为 0.855，近因赞助事件涉入度信度为 0.802，近因效应的信度为 0.847，跟随品牌赞助评价的信度为 0.856，整体量表信度为 0.823。前测实验表明，本研究信度较高。由于本书量表均参考前人的成熟量表，因此，量表效度有保障。

6.5.3　变量描述

按照高首因、低近因，低首因、高近因效应分类，对实验各变量均值与标准差进行测量，结果见下表。

表 6-6　前测实验变量描述（首因效应）

类型		首因赞助匹配	首因赞助态度	首因赞助涉入度	首因效应
高首因、低近因	均值	4.426 7	4.460 0	4.420 0	4.490 0
	N	25	25	25	25
	标准差	1.544 16	1.560 72	1.795 13	1.557 04
低首因、高近因	均值	3.740 0	4.160 0	4.020 0	3.210 0
	N	25	25	25	25
	标准差	1.706 52	1.566 05	1.834 17	1.605 13
总计	均值	3.833 3	3.810 0	3.720 0	3.850 0
	N	50	50	50	50
	标准差	1.718 58	1.680 90	1.930 32	1.693 32

表 6-7　前测实验变量描述（近因效应）

类型		近因赞助匹配	近因赞助态度	近因赞助涉入度	近因效应
高首因、低近因	均值	4.040 0	3.960 0	4.260 0	4.070 0
	N	25	25	25	25
	标准差	1.579 15	1.859 21	1.843 46	1.591 84
低首因、高近因	均值	4.666 7	4.840 0	4.700 0	4.650 0
	N	25	25	25	25
	标准差	1.417 48	1.736 38	1.755 94	1.471 96
总计	均值	4.353 3	4.400 0	4.480 0	4.360 0
	N	50	50	50	50
	标准差	1.518 46	1.835 03	1.795 57	1.545 37

6.5.4　前测结果

第一是首因赞助匹配检验。数据分析发现，首因赞助匹配在不同类型间不存在显著差异（$M_{高首因、低近因}=4.42$，$M_{低首因、高近因}=3.74$；$F(1, 48)=6.647$，$p=0.063>0.05$）。因此，首因赞助匹配操控成功。

第二是检验近因赞助匹配。数据分析发现，近因赞助匹配在不同类型间不存在显著差异（$M_{高首因、低近因}=4.04$，$M_{低首因、高近因}=4.66$；$F(1,48)=2.180$，$p=0.146>0.05$）。因此，近因赞助匹配操控成功。

第三是对首因赞助态度的检验。数据分析发现，首因赞助态度在不同类型间不存在显著差异（$M_{高首因、低近因}=4.46$，$M_{低首因、高近因}=3.16$；$F(1,48)=8.643$，$p=0.073>0.05$）。因此，首因赞助态度操控成功。

第四是对近因赞助态度的检验。数据分析发现，近因赞助态度在不同类型间不存在显著差异（$M_{高首因、低近因}=3.96$，$M_{低首因、高近因}=4.84$；$F(1,48)=2.992$，$p=0.090>0.05$）。因此，近因赞助态度操控成功。

第五是对首因赞助涉入度的检验。数据分析发现，首因赞助涉入度在不同类型间不存在显著差异（$M_{高首因、低近因}=4.42$，$M_{低首因、高近因}=4.02$；$F(1,48)=7.439$，$p=0.059>0.05$）。因此，首因赞助涉入度操控成功。

第六是对近因赞助涉入度的检验。数据分析发现，近因赞助涉入度在不同类型间不存在显著差异（$M_{高首因、低近因}=4.26$，$M_{低首因、高近因}=4.70$；$F(1,48)=0.747$，$p=0.392>0.05$）。因此，近因赞助涉入度操控成功。

第七是对首因效应的检验。数据分析发现，首因效应在不同类型间存在显著差异（$M_{高首因}=4.49$，$M_{低首因}=3.21$；$F(1,48)=8.191$，$p=0.006<0.05$）。因此，首因效应操控成功。

第八是对近因效应的检验。数据分析发现，近因效应在不同类型间存在显著差异（$M_{高近因}=4.07$，$M_{低近因}=4.65$；$F(1,48)=1.789$，$p=0.007<0.05$）。因此，近因效应操控成功。

综上所述，前测实验表明，问卷刺激物设计成功，量表可靠。因此，可进行正式实验检验研究假设。

6.6　正式实验

6.6.1　正式实验样本

正式实验主要在四川某高校进行，共对 250 名被试进行实验，剔除甄别项填答错误、漏答题项等样本，最后获得有效样本 211 个。实验分为四组进行，分别为高首因、低近因组，高首因、高近因组，低首因、高近因组和低首因、低近因组。其中，男性 152 人，女性 59 人，如表 6-8 所示。

表 6-8　正式实验样本性别分布

观察值		频率	百分比	有效百分比	累积百分比
有效	男	152	72.0	72.0	72.0
	女	59	28.0	28.0	100.0
	合计	211	100.0	100.0	–

为了检验性别是否会显著影响研究变量和操控变量，本书采取单因素方差分析进行检验。结果显示，性别差异没有对各种变量造成显著影响（$p >$ 0.05），如表 6-9、表 6-10 及表 6-11 所示。

表 6-9　性别对各变量影响均值（首因效应）

性别		首因赞助匹配均值	首因赞助态度均值	首因赞助涉入度	首因效应均值
男	均值	3.995 6	4.029 6	4.236 8	3.985 2
	N	152	152	152	152
	标准差	1.782 92	1.827 16	1.929 17	1.734 02
女	均值	4.124 3	4.262 7	4.161 0	4.093 2
	N	59	59	59	59
	标准差	1.728 62	1.827 37	1.869 54	1.706 29
总计	均值	4.031 6	4.094 8	4.215 6	4.015 4
	N	211	211	211	211
	标准差	1.764 75	1.825 88	1.908 55	1.722 94

表 6-10　性别对各变量单因素方差分析（首因效应）

变量		平方和	df	均方	F	显著性
首因赞助匹配均值	组间	0.704	1	0.704	0.225	0.636
	组内	653.308	209	3.126	–	–
	总数	654.012	210	–	–	–
首因赞助态度均值	组间	2.310	1	2.310	0.692	0.407
	组内	697.795	209	3.339	–	–
	总数	700.104	210	–	–	–
首因赞助涉入度	组间	0.244	1	0.244	0.067	0.796
	组内	764.694	209	3.659	–	–
	总数	764.938	210	–	–	–

续表

变量		平方和	df	均方	F	显著性
首因效应均值	组间	0.496	1	0.496	0.166	0.684
	组内	622.891	209	2.980	-	-
	总数	623.387	210	-	-	-

表 6-11　性别对各变量单因素方差分析（近因效应）

变量		平方和	df	均方	F	显著性
近因赞助匹配均值	组间	3.468	1	3.468	1.261	0.263
	组内	574.652	209	2.750	-	-
	总数	578.120	210	-	-	-
近因赞助态度均值	组间	1.723	1	1.723	0.525	0.469
	组内	685.642	209	3.281	-	-
	总数	687.365	210	-	-	-
近因赞助涉入度均值	组间	0.811	1	0.811	0.236	0.628
	组内	718.599	209	3.438	-	-
	总数	719.410	210	-	-	-
近因效应均值	组间	4.273	1	4.273	1.598	0.208
	组内	558.839	209	2.674	-	-
	总数	563.112	210	-	-	-
跟随品牌的品牌评价均值	组间	5.616	1	5.616	1.856	0.175
	组内	632.230	209	3.025	-	-
	总数	637.845	210	-	-	-

6.6.2　测量质量

测项信度分析显示，首因赞助匹配的信度为 0.878，首因赞助态度的信度为 0.885，首因赞助事件涉入度信度为 0.852，首因效应的信度为 0.865；近因赞助匹配的信度为 0.898，近因赞助态度的信度为 0.885，近因赞助事件涉入度信度为 0.872，近因效应的信度为 0.837，跟随品牌赞助评价的信度为 0.806，整体量表信度为 0.874。前测实验表明，本研究信度较高。由于本书量表均参考前人的成熟量表，因此，量表效度有保障。

6.6.3　变量描述

按照高首因、低近因组，高首因、高近因组，低首因、高近因组和低首因、低近因组分类，对实验各变量均值与标准差进行测量，结果见下表。

表 6-12　正式实验变量描述（首因效应）

类型		首因赞助匹配均值	首因赞助态度均值	首因赞助涉入度	首因效应均值
高首因、低近因	均值	4.506 4	4.682 7	4.519 2	4.567 3
	N	52	52	52	52
	标准差	1.60404	1.581 23	1.857 58	1.565 65
高首因、高近因	均值	4.767 9	4.030 4	4.830 4	4.750 0
	N	56	56	56	56
	标准差	1.497 36	1.550 01	1.722 25	1.457 74
低首因、高近因	均值	4.193 3	4.260 0	4.060 0	3.190 0
	N	50	50	50	50
	标准差	1.715 73	1.723 90	1.763 11	1.607 98
低首因、低近因	均值	3.578 6	4.528 3	4.358 5	3.476 4
	N	53	53	53	53
	标准差	1.792 85	1.935 04	1.858 91	1.750 18
总计	均值	4.031 6	4.494 8	4.215 6	4.015 4
	N	211	211	211	211
	标准差	1.764 75	1.825 88	1.908 55	1.722 94

表 6-13　正式实验变量描述（近因效应）

类型		近因赞助匹配均值	近因赞助态度均值	近因赞助涉入度均值	近因效应均值
高首因、低近因	均值	3.935 9	3.971 2	4.048 1	4.009 6
	N	52	52	52	52
	标准差	1.673 89	1.895 33	1.881 96	1.673 00
高首因、高近因	均值	4.392 9	4.401 8	4.491 1	4.375 0
	N	56	56	56	56
	标准差	1.683 08	1.638 79	1.948 17	1.633 46
低首因、高近因	均值	4.793 3	4.790 0	4.760 0	4.665 0
	N	50	50	50	50
	标准差	1.464 45	1.587 87	1.747 42	1.457 40

续表

类型		近因赞助匹配均值	近因赞助态度均值	近因赞助涉入度均值	近因效应均值
低首因、低近因	均值	3.924 5	3.698 1	4.311 3	3.778 3
	N	53	53	53	53
	标准差	1.685 33	1.947 24	1.790 00	1.673 94
总计	均值	4.257 5	4.210 9	4.400 5	4.203 8
	N	211	211	211	211
	标准差	1.659 20	1.809 19	1.850 88	1.637 52

6.6.4 操控检验

第一是首因赞助匹配检验。数据分析发现，首因赞助匹配在不同类型间不存在显著差异（$M_{高首因、低近因}=4.50$，$M_{高首因、高近因}=4.76$，$M_{低首因、高近因}=4.19$，$M_{低首因、低近因}=3.57$；F（3，207）$=10.740$，$p=0.060>0.05$）。因此，首因赞助匹配操控成功。

第二是检验近因赞助匹配。数据分析发现，近因赞助匹配在不同类型间不存在显著差异（$M_{高首因、低近因}=3.93$，$M_{高首因、高近因}=4.39$，$M_{低首因、高近因}=4.79$，$M_{低首因、低近因}=3.92$；F（3，207）$=3.333$，$p=0.070>0.05$）。因此，近因赞助匹配操控成功。

第三是对首因赞助态度的检验。数据分析发现，首因赞助态度在不同类型间不存在显著差异（$M_{高首因、低近因}=4.68$，$M_{高首因、高近因}=4.03$，$M_{低首因、高近因}=4.26$，$M_{低首因、低近因}=4.52$；F（3，207）$=11.515$，$p=0.911>0.05$）。因此，首因赞助态度操控成功。

第四是对近因赞助态度的检验。数据分析发现，近因赞助态度在不同类型间不存在显著差异（$M_{高首因、低近因}=3.97$，$M_{高首因、高近因}=4.40$，$M_{低首因、高近因}=4.79$，$M_{低首因、低近因}=3.69$；F（3，207）$=3.784$，$p=0.081>0.05$）。因此，近因赞助态度操控成功。

第五是对首因赞助涉入度的检验。数据分析发现，首因赞助涉入度在不同类型间不存在显著差异（$M_{高首因、低近因}=4.51$，$M_{高首因、高近因}=4.83$，$M_{低首因、高近因}=4.06$，$M_{低首因、低近因}=4.35$；F（3，207）$=9.645$，$p=0.900>0.05$）。因此，首因赞助涉入度操控成功。

第六是对近因赞助涉入度的检验。数据分析发现，近因赞助涉入度在不同类型间不存在显著差异（$M_{高首因、低近因}=4.04$，$M_{高首因、高近因}=4.49$，$M_{低首因、高近因}=4.76$，$M_{低首因、低近因}=4.31$；$F(3,207)=1.350$，$p=0.259>0.05$）。因此，近因赞助涉入度操控成功。

第七是对首因效应的检验。数据分析发现，首因效应在不同类型间存在显著差异（$M_{高首因}=4.66$，$M_{低首因}=3.33$；$F(1,209)=36.420$，$p=0.000<0.05$）。因此，首因效应操控成功。

第八是对近因效应的检验。数据分析发现，近因效应在不同类型间存在显著差异（$M_{高近因}=4.07$，$M_{低近因}=4.65$；$F(1,48)=1.789$，$p=0.006<0.05$）。因此，近因效应操控成功。

6.6.5 假设检验

假设 H1 推测，与低首因效应相比，高首因效应更能提升跟随品牌的品牌评价。单因素方差分析显示，跟随品牌的品牌评价在首因效应类型间存在显著差异且在高首因类型中评价更高（$M_{高首因}=4.20$，$M_{低首因}=3.77$；$F(1,210)=3.568$，$p=0.04<0.05$）。因此，假设 H1 得到第二次验证。

假设 H2 推测，与低近因效应相比，高近因效应更能提升跟随品牌的品牌评价。单因素方差分析显示，跟随品牌的品牌评价在近因效应类型间存在显著差异，且高近因效应更能提升跟随品牌的品牌评价（$M_{高近因}=4.58$，$M_{低近因}=3.88$；$F(1,209)=8.993$，$p=0.003<0.05$）。因此，假设 H2 得到第二次验证。

假设 H3a 推测，与高首因、高近因效应相比，高首因效应更能提升跟随品牌的品牌评价。单因素方差分析显示，跟随品牌的品牌评价在高首因组评价更高且存在显著差异（$M_{高首因}=4.20$，$M_{高首因、高近因}=3.99$；$F(1,156)=0.489$，$p=0.005<0.05$）。因此，假设 H3a 得到验证。

假设 H3b 推测，与高首因效应相比，高首因、低近因效应更能提升跟随品牌的品牌评价。单因素方差分析显示，跟随品牌的品牌评价在高首因、低近因组评价更高且存在显著差异（$M_{高首因}=4.20$，$M_{高首因、低近因}=4.42$；$F(1,158)=0.612$，$p=0.035<0.05$）。因此，假设 H3b 得到验证。

假设 H3c 推测，与高首因、低近因效应相比，低首因、高近因效应更能提升赞助跟随对跟随品牌的品牌评价。单因素方差分析显示，跟随品牌的品牌评价在低首因、高近因组评价更高且存在显著差异（$M_{高首因、低近因}=4.42$，$M_{低首因、高近因}=4.74$；$F(1,103)=5.107$，$p=0.027<0.05$）。因此，假设

H3c 得到验证。

6.7 小结

本小节着重介绍了本章的研究设计，包括实验组设计、前测实验、正式实验，描述了实证研究的过程。

首先是实验组设计。研究 3 重点分析了首因效应与近因效应交互情况对跟随品牌的品牌评价的影响。本书采用实验法检验假设 H3a、H3b 和 H3c，并对研究 1、研究 2 的假设进行了重复检验。根据研究假设，本章节采用了 2（首因效应：高 vs 低）X2（近因效应：高 vs 低）的实验设计。情景实验是消费者行为研究中的常用方法，能够较好地操控消费者对情景的反应，并减少无关变量的干扰（Brewer，2000），在赞助研究中被广泛采用（徐玖平和朱洪军，2008；刘凤军和李强，2011；Close and Lacey，2013；Quester, et al.，2013；刘英，等，2014）。

其次是前测实验。前测主要在四川某高校进行，共有 50 人参加，男生 37 人，女生 13 人。一组人员（25 人）参加高首因、低近因组实验，一组人员（25 人）参加低首因、高近因组实验。前测实验以发放问卷的形式完成。

最后是正式实验。经过前测实验，本书认为，研究问卷能够较好地操控刺激物，量表能够准确测量。正式实验主要在四川某高校进行，共对 250 名被试进行实验，剔除甄别项填答错误、漏答题项等样本，最后获得有效样本 211 个。实验分为四组进行，分别为高首因、低近因组，高首因、高近因组，低首因、高近因组和低首因、低近因组。正式实验部分描述了数据的基本特征，包括样本描述、变量描述、量表信度和操控检验。分析结果显示，量表信度和变量操控均符合要求。本章再次验证了假设 H1 与 H2。假设 H1 推测，与低首因效应相比，高首因效应更能提升跟随品牌的品牌评价。单因素方差分析显示，跟随品牌的品牌评价在首因效应类型间存在显著差异，且高首因效应更能提升跟随品牌的品牌评价。因此，假设 H1 得到第二次验证。假设 H2 推测，与低近因效应相比，高近因效应更能提升跟随品牌的品牌评价。单因素方差分析显示，跟随品牌的品牌评价在近因效应类型间存在显著差异，且高近因效应更能提升跟随品牌的品牌评价。因此，假设 H2 得到第二次验证。本章验证了假设 H3a。假设 H3a 推测，与高首因、高近因效应相比，高首因效应更能提升跟随品牌的品牌评价。单因素方差分析显示，跟随品牌的

品牌评价在高首因组评价更高且存在显著差异。本章验证了假设 H3b。假设
H3b 推测，与高首因效应相比，高首因、低近因效应更能提升跟随品牌的品
牌评价。单因素方差分析显示，跟随品牌的品牌评价在高首因、低近因组评
价更高且存在显著差异。本章验证了假设 H3c。假设 H3c 推测，与高首因、
低近因效应相比，低首因、高近因效应更能提升赞助跟随对跟随品牌的品牌
评价。单因素方差分析显示，跟随品牌的品牌评价在低首因、高近因组评价
更高且存在显著差异。

第 7 章　研究 4：非对称品牌关系的调节作用

7.1　研究假设

赞助的本质是品牌形象的转移（张永韬，2016）。相似地，赞助跟随的本质也是通过跟随将竞争品牌的品牌形象转移到跟随品牌。在品牌形象转移的过程中，竞争品牌与跟随品牌之间的关系会起到重要作用与影响。首因效应与近因效应描述了品牌形象转移的方向，品牌关系影响了品牌形象转移的程度。本书发现，品牌关系存在非对称性。非对称关系指的是具有不一致联想强度的双向或多向关系（Lei J and Lemmink J，2013）。进一步说，非对称关系描述的是一种联想溢出现象，消费者对于特定对象的联想会溢出到另一个对象上（Bronnenberg B J and Wathieu L，1996）。非对称关系可以分为强-弱联想型和弱-强联想型，在强-弱联想型的情况下，竞争品牌品牌代表性强，品牌联想程度高；跟随品牌品牌代表性弱，品牌联想程度低。品牌联想会从跟随品牌溢出到竞争品牌，这将消费者的注意力从跟随品牌分散到了竞争品牌，竞争品牌得到的关注和注意增多，跟随品牌得到的关注和注意下降（Siano A and Basile G，2009）。换言之，即首因效应增强，近因效应减弱。

同理，在弱-强联想型的情况下，竞争品牌品牌代表性弱，品牌联想程度低；跟随品牌品牌代表性强，品牌联想程度高，品牌联想会从竞争品牌溢出到跟随品牌，这将消费者的注意力从竞争品牌分散到了跟随品牌，竞争品牌得到的关注和注意下降，跟随品牌得到的关注和注意上升（Sweeney J C and Chew M，2002）。换言之，即首因效应减弱，近因效应增强。

在强-弱联想型非对称关系、高首因效应的情况下，根据可接近-可诊断理论（Aggarwal and Zhang，2006），此时会产生溢出效应，竞争品牌的评价会向跟随品牌转移。当竞争品牌赞助行为产生的首因效应较高时，其转移给跟随品牌的形象与评价也相对较高。强-弱联想型非对称关系增强了首因效应。据此，本书得到假设 H4a。

H4a：在强-弱联想型的非对称关系情况下，与低首因效应相比，高首因效应更能提升跟随品牌的品牌评价。

在弱-强联想型非对称关系、高首因效应的情况下，根据可接近-可诊断理论（Aggarwal and Zhang，2006），此时会产生品牌溢出效应，竞争品牌的评价等会向跟随品牌转移。当竞争品牌赞助行为产生的首因效应较高时，其转移给跟随品牌的评价也相对较高。然而在弱-强联想型的情况下，首因效应会被削弱，因此，跟随品牌的品牌评价不会显著提升。据此，本书提出假设 H4b。

H4b：在弱-强联想型的非对称关系情况下，与低首因效应相比，高首因效应不会显著提升跟随品牌的品牌评价。

在强-弱联想型非对称关系情况下，近因效应越强，消费者对跟随品牌赞助行为的印象越深刻，且评价越高，其转移给跟随品牌的评价也较高。由于强-弱联想型非对称关系会使近因效应减弱，在该种情况下，跟随品牌的品牌评价不会显著提升。据此，本书得出假设 H4c。

H4c：在强-弱联想型的非对称关系情况下，与低近因效应相比，高近因效应不能显著提升跟随品牌的品牌评价。

在弱-强联想型非对称关系的情况下，近因效应越强，消费者对跟随品牌赞助行为的印象越深刻，且评价越高，其转移给跟随品牌的评价也较高。由于弱-强联想型非对称关系会使近因效应增强，在该种情况下，跟随品牌的品牌评价会显著提升。据此，本书得出假设 H4d。

H4d：在弱-强联想型的非对称关系情况下，与低近因效应相比，高近因效应更能提升跟随品牌的品牌评价。

7.2 实验设计

本章节主要探讨品牌关系的调节作用。根据研究假设，本章节采用了 2（首因效应：高 vs 低）X2（近因效应：高 vs 低）X2（非对称品牌关系：强-弱联想型 vs 弱-强联想型）的实验设计。

首先是刺激物的设计。对于首因效应与近因效应的设计，要注意以下六点：

1. 赞助事件代表性：赞助事件代表性越高，其给消费者造成的印象越深刻，越会形成高的首因效应或近因效应（Biswas，et al.，2010）。因此，在刺激物设计中，对于高的首因效应或近因效应的刺激物设计，应增强赞助赛事在行业中的代表性。

2. 出乎意料性（unexpected）：有研究表明，越是超乎消费者的想象和理解的事件，越容易让消费者留下深刻印象，越容易让消费者形成高的首因效应或近因效应（Dennis and Ahn，2001）。因此，在刺激物设计中，对于高的首因效应或近因效应的刺激物设计，应增强该赞助事件的出乎意料性。

3. 赞助对象影响力：研究表明，赞助对象影响力越强，越容易加深消费者对赞助事件印象，并形成高首因或近因效应（Smith，2010）。因此，在刺激物设计中，对于高首因效应或近因效应刺激物设计，应增强其赞助对象影响力；对于低首因或近因效应刺激物设计，应降低其赞助对象影响力。

4. 时间间隔：有学者发现，时间间隔能够直接影响首因效应在消费者心中的强弱，当时间间隔越长，首因事件在消费者心目中留下的印象越模糊，印象越不强烈，首因效应越弱；时间间隔越短，首因事件在消费者心中留下的印象越强烈，首因效应越强。一般而言，人的记忆以 15 天为一个周期（Zaharia，et al.，2015），一个记忆周期内发生的事件容易形成高首因。据此，本书将高首因的时间间隔设置为 15 天（半个月），低首因的时间间隔设置为三个月。

5. 细节描述：刺激物描写得越详细，对细节的描述越细致，消费者越有可能形成较深刻的印象，并形成高的首因或近因效应；对细节的描写越笼统，甚至不对细节进行描述；越不容易在消费者心目中留下深刻印象，其首因效应或近因效应也就越淡漠（Martin，et al.，2016）。因此，在刺激物中，高的首因效应或近因效应刺激物的设计，应对赞助细节进行描述；反之则进行笼统的描述。

6. 叙事结构：当刺激物为 A＋B 的叙事形式时，A 段叙事完成，马上请被试评价 A，评价完成后，再对 B 进行叙述并评价，这时呈现的是较强的首因效应（被试对 A 印象较为深刻）；在 A＋B 叙事完成后，再统一问 A、B 的印象，这时呈现的更多的是近因效应（被试对 B 印象较为深刻）（Wang and Shukla，2013）。因此，在刺激物设计中，当试图呈现高首因效应时，刺激物呈现形式均为叙事 A—问题 A—叙事 B—问题 B；当试图呈现高近因效应时，刺激物呈现形式均为叙事 A—叙事 B—问题 A—问题 B。

对于非对称品牌关系的刺激物设计，主要注意以下两点：

1. 行业代表性：对于非对称品牌关系中"强"的一方，为了保证其较容易出现在消费者的思考集当中，应增强其行业代表性。当被试接收到该行业中其他品牌的信息时，一般会比较容易联想到同行业的代表品牌（Valta，Katharina S，2013）。

2. 品牌相似性：增强刺激物中竞争品牌与跟随品牌的品牌相似性可以使被试更容易将两品牌联系在一起，进而形成联想溢出。

具体而言，刺激物设计信息如下：

1. 高首因效应刺激物。根据多个现实赞助案例改编而成，考虑到赞助匹配程度、赞助态度、赞助事件涉入度等因素，最终选择的赞助事件为足球用品品牌赞助欧洲杯足球赛。本书混合多家网站的报道，精炼并修改描述文字，形成高首因效应刺激物，具体为"A 品牌是一家历史悠久的专业生产与销售足球用品的运动品牌。长久以来，A 品牌将发展战略集中在新产品研发与推广方面，很少对足球赛事进行赞助。然而，最近 A 品牌对欧洲杯足球赛进行了赞助。据欧洲杯组委会官方消息，此次赞助费用在 1200 万欧元左右，A 品牌更是配套了更多的资金参与此次赞助宣传，在球赛场的广告牌、体育馆场外大屏、欧洲杯官方网站均能看到 A 品牌的赞助广告。据估计，全球有超过5500 万的观众能观看到 A 品牌的赞助广告"。

2. 低首因效应刺激物。设计原则同上，选择的赞助事件为足球用品品牌赞助亚洲杯足球赛，具体为"A 品牌是一家历史悠久的专业生产与销售足球用品的运动品牌。为了拓展市场，A 品牌经常对足球赛事进行赞助。据悉，A品牌赞助了即将举行的亚洲杯足球赛"。

3. 高近因效应刺激物。根据多个现实赞助案例改编而成，考虑到赞助匹配程度、赞助态度、赞助事件涉入度等因素，最终选择的赞助事件为足球用品品牌赞助足球世界杯。本书混合多家网站的报道，精炼并修改描述文字，形成高近因效应刺激物，具体为"长久以来，由于公司发展战略的考虑，B品牌很少对足球赛事进行赞助。然而，最近为了应对 A 品牌不久之前的赞助行为，在 A 品牌宣布其赞助决定半个月后，B 品牌宣布对下一届足球世界杯进行赞助。据世界杯组委会官方消息，此次赞助费用在 1500 万欧元左右。据权威人士分析，B 品牌赞助足球世界杯的主要目的在于快速打开海外市场。B品牌目前正处于打开国际市场的关键阶段，通过赞助在海外举办的大型有影响力的赛事，可以以正式的渠道在海外宣传与推广自身产品与品牌"。

4. 低近因效应刺激物。设计原则同上，选择的赞助事件为足球用品品牌赞助亚洲杯足球赛，具体为"为了拓展市场，B品牌经常对足球赛事进行赞助。据悉，为了应对不久前A品牌的赞助行为，在A品牌宣布其赞助决定三个月后，B品牌宣布决定对下一届亚洲杯足球赛进行赞助"。

5. 强-弱型品牌关系。提到足球用品生产品牌，消费者很容易想到A品牌。作为A品牌的同行业竞争品牌，B品牌是一家历史悠久的专业生产与销售足球用品的运动品牌。提到足球用品生产品牌，消费者不容易第一时间想到B品牌。并且，由于A品牌在行业中的代表性以及A品牌与B品牌较为相似，当提到B品牌时，消费者很容易联想到A品牌。

6. 弱-强型品牌关系。提到足球用品生产品牌，消费者不容易想到A品牌。作为A品牌的同行业竞争品牌，B品牌是一家历史悠久的专业生产与销售足球用品的运动品牌。提到足球用品生产品牌，消费者容易第一时间想到B品牌。并且，由于B品牌在行业中的代表性以及A品牌与B品牌较为相似，当提到A品牌时，消费者很容易联想到B品牌。

为了更好地形成问卷效果，考虑到叙事结构对被试的首因效应和近因效应形成会造成影响，针对不同的刺激目的，本书对问卷叙事结构做了特殊安排。具体而言，对于高首因、低近因效应的问卷，其问卷的结构为高首因效应刺激物—关于高首因效应问题—低近因效应刺激物—关于低近因效应问题；对于高首因、高近因效应的问卷，其问卷的结构为高首因效应刺激物—高近因效应刺激物—关于高首因效应问题—关于高近因效应问题；对于低首因效应、高近因效应的问卷，其问卷结构为低首因效应刺激物—高近因效应刺激物—关于低首因效应问题—关于高近因效应问题；对于低首因效应、低近因效应的问卷，其问卷结构为低首因效应刺激物—关于低首因效应问题—低近因效应刺激物—关于低近因效应问题。

7.3　实验程序

实验在成都市某高校课堂进行，实验的研究环境均设置为大学课堂尾声，主要是为了保证在一个相对封闭、安静的环境下进行实验以减少外来干扰。所有被试均为在校本科生。研究实验程序如下：首先进行前测实验，验证刺激物的有效性；然后进行正式实验，以检验研究假设。正式实验在前测实验一周后进行。问卷包括以下几个部分：

第一，首因效应以及近因效应等刺激物描述；

第二，变量测量；

第三，人口统计特征题项。

7.4　变量测量

本书采用 7 分 Likert 量表（最小分值为 1 分，最大分值为 7 分，分值越高表示越同意）对刺激物进行了变量测量。第一是对赞助匹配的测量，参考 Zaharia 等（2015）的研究，题项为"作为足球用品品牌，我认为 A 品牌赞助欧洲杯足球赛（亚洲杯足球赛）是很正常的""作为足球用品品牌，我认为 A 品牌赞助欧洲杯足球赛（亚洲杯足球赛）是合适的""作为足球用品品牌，我认为 A 品牌赞助欧洲杯足球赛（亚洲杯足球赛）是有道理的"。第二是对赞助态度的测量，参考刘英等（2014）的研究，测量题项包括"我经常观看足球赛事"和"我对足球赛事很熟悉"。第三是对赞助事件涉入度的测量，主要参考杨洋等（2015）的研究，题项包括"我认同 A 品牌对欧洲杯足球赛（亚洲杯足球赛）的赞助行为"和"我支持 A 品牌对欧洲杯足球赛（亚洲杯足球赛）的赞助行为"。第四是对于首因效应高低程度的测量，参考 Noguchi 等（2014）以及 Reed 和 Morgan（2006）的研究，从事件回想和事件识别两个维度来测量，测量题项分别为"我觉得 A 品牌对欧洲杯足球赛（亚洲杯足球赛）的赞助事件令人印象深刻""我认为 A 品牌对欧洲杯足球赛（亚洲杯足球赛）的赞助事件令人难以忘却""我认为在众多的赛事赞助事件当中，A 品牌对欧洲杯足球赛（亚洲杯足球赛）进行赞助是比较独特的""我认为 A 品牌对欧洲杯足球赛（亚洲杯足球赛）进行赞助是一件独一无二的事件"。第五是甄别项的设置，测量题项为"A 品牌是个足球用品品牌"。第六是对被试情绪的考察，题项分别为"我现在心情不错"和"我很高兴参加此次调查"。第六是对非对称品牌关系的测量，参考 Lei（2013）的研究，测量题项为"我认为 A 品牌代表性较强""当我接触到有关 B 品牌的信息时，我很容易联想到 A 品牌"和"当我接触到有关 B 品牌的信息时，我会情不自禁地想到 A 品牌的相关信息"。最后是对跟随品牌（B 品牌）品牌评价的考察，参考徐玖平和朱洪军（2008）、Smith（2010）的研究，测量题项包括"经过这次赞助事件，我感觉 B 品牌更不错了""经过这次赞助事件，我更喜欢 B 品牌了"和"经过这次赞助事件，对我而言，B 品牌更具有吸引力了"。对于近因效应相关控制变量的测量，与首因效应控制变量的测量相同。

7.5 前测实验

7.5.1 前测样本

本书通过前测实验检查各控制变量是否操控成功，高低首因效应与高低近因效应是否操控成功。

前测主要在四川某高校进行，共有 80 人参加，男生 51 人，女生 29 人。一组人员（20 人）参加强弱、高首因、低近因组实验，一组人员（20 人）参加弱强、高首因、低近因组实验，一组人员（20 人）参加强弱、低首因、高近因组实验，一组人员（20 人）参加弱强、低首因、高近因组实验。前测实验以发放问卷的形式完成。本实验主要采用学生作为被试，因为学生样本能够排除收入、职业方面差异的影响，具有较好的同质性，适合进行探索性研究（Shuptrine，1975），如表 7-1 所示。

表 7-1　前测实验样本性别分布

观察值		频率	百分比	有效百分比	累积百分比
有效	男	51	63.8	63.8	63.8
	女	29	36.2	36.2	100.0
	合计	80	100.0	100.0	-

由于本实验首因与近因效应刺激物均是足球用品品牌赞助足球赛事，为了检验性别是否会显著影响研究变量和操控变量，赞助涉入度只测量了一次。本书采取单因素方差分析进行检验，结果显示，性别差异没有对各种变量造成显著影响（$p > 0.05$），如表 7-2、表 7-3、表 7-4 及表 7-5 所示。

表 7-2　性别对各变量影响均值（首因效应）

性别		首因赞助匹配	首因赞助态度	首因赞助涉入度	首因效应
男	均值	5.163 4	4.803 9	4.813 7	4.696 1
	N	51	51	51	51
	标准差	1.235 35	1.529 96	1.499 87	1.545 41
女	均值	4.551 7	4.103 4	4.206 9	4.362 1
	N	29	29	29	29
	标准差	1.711 95	1.794 73	1.666 46	1.638 80

续表

	性别	首因赞助匹配	首因赞助态度	首因赞助涉入度	首因效应
总计	均值	4.941 7	4.550 0	4.593 8	4.575 0
	N	80	80	80	80
	标准差	1.446 44	1.654 68	1.579 32	1.577 83

表 7-3 性别对各变量影响均值（近因效应）

	性别	近因效应赞助匹配	非对称关系	近因效应赞助态度	近因效应
男	均值	5.503 3	3.810 5	4.509 8	4.519 6
	N	51	51	51	51
	标准差	0.758 28	1.897 67	1.820 69	1.649 12
女	均值	5.735 6	3.459 8	4.172 4	4.181 0
	N	29	29	29	29
	标准差	1.502 32	1.707 62	1.774 20	1.641 94
总计	均值	5.625 0	3.683 3	4.387 5	4.396 9
	N	80	80	80	80
	标准差	1.140 95	1.827 97	1.800 10	1.644 27

表 7-4 性别对各变量单因素方差分析（首因效应）

变量		平方和	df	均方	F	显著性
首因赞助匹配	组间	6.917	1	6.917	3.407	0.069
	组内	158.366	78	2.030	—	—
	总数	165.283	79	—	—	—
首因赞助态度	组间	9.071	1	9.071	3.414	0.068
	组内	207.229	78	2.657	—	—
	总数	216.300	79	—	—	—
首因赞助涉入度	组间	6.808	1	6.808	2.791	0.099
	组内	190.239	78	2.439	—	—
	总数	197.047	79	—	—	—
首因效应	组间	2.063	1	2.063	0.827	0.366
	组内	194.612	78	2.495	—	—
	总数	196.675	79	—	—	—

表 7-5　性别对各变量单因素方差分析（近因效应）

变量		平方和	df	均方	F	显著性
近因效应赞助匹配	组间	10.894	1	10.894	9.242	0.003
	组内	91.945	78	1.179	-	-
	总数	102.839	79	-	-	-
非对称关系	组间	2.274	1	2.274	0.678	0.413
	组内	261.704	78	3.355	-	-
	总数	263.978	79	-	-	-
近因效应赞助态度	组间	2.104	1	2.104	0.647	0.424
	组内	253.883	78	3.255	-	-
	总数	255.988	79	-	-	-
近因效应	组间	2.119	1	2.119	0.782	0.379
	组内	211.467	78	2.711	-	-
	总数	213.587	79	-	-	-

7.5.2　前测测量质量

测项信度分析显示，首因赞助匹配的信度为 0.856，首因赞助态度的信度为 0.866，首因赞助事件涉入度信度为 0.797，首因效应的信度为 0.844；近因赞助匹配的信度为 0.885，非对称品牌关系的信度为 0.758，近因赞助态度的信度为 0.895，近因效应的信度为 0.847，跟随品牌赞助评价的信度为 0.888，整体量表信度为 0.875。前测实验表明，本研究信度较高。由于本书量表均参考前人的成熟量表，因此，量表效度有保障。

7.5.3　变量描述

按照强弱、高首因、低近因，弱强、高首因、低近因，强弱、低首因、高近因，弱强、低首因、高近因组分类，对实验各变量均值与标准差进行测量，结果见下表。

表 7-6　前测实验变量描述（首因效应）

类型		首因赞助匹配	首因赞助态度	首因赞助涉入度	首因效应
强弱、高首因、低近因	均值	4.716 7	4.400 0	4.750 0	4.600 0
	N	20	20	20	20
	标准差	1.568 23	1.930 37	1.560 20	1.770 37
弱强、高首因、低近因	均值	4.833 3	4.825 0	4.625 0	4.750 0
	N	20	20	20	20
	标准差	1.295 52	1.310 63	1.413 05	1.300 30
强弱、低首因、高近因	均值	5.500 0	5.275 0	4.825 0	5.150 0
	N	20	20	20	20
	标准差	0.827 17	1.019 22	1.599 96	1.278 36
弱强、低首因、高近因	均值	4.716 7	4.700 0	4.175 0	3.800 0
	N	20	20	20	20
	标准差	1.852 06	1.866 60	1.764 23	1.696 75
总计	均值	4.941 7	4.550 0	4.593 8	4.575 0
	N	80	80	80	80
	标准差	1.446 44	1.654 68	1.579 32	1.577 83

表 7-7　前测实验变量描述（近因效应）

类型		近因效应赞助匹配	非对称关系	近因效应赞助态度	近因效应
强弱、高首因、低近因	均值	5.266 7	4.533 3	4.100 0	4.175 0
	N	20	20	20	20
	标准差	1.240 64	1.460 59	1.744 16	1.736 03
弱强、高首因、低近因	均值	5.183 3	2.166 7	4.025 0	4.037 5
	N	20	20	20	20
	标准差	1.045 60	1.051 31	1.874 17	1.602 37
强弱、低首因、高近因	均值	5.400 0	5.400 0	5.075 0	5.087 5
	N	20	20	20	20
	标准差	1.127 02	0.946 52	1.575 09	1.444 76

类型		近因效应赞助匹配	非对称关系	近因效应赞助态度	近因效应
弱强、低首因、高近因	均值	5.050 0	2.633 3	4.350 0	4.287 5
	N	20	20	20	20
	标准差	1.200 76	1.521 39	1.926 96	1.694 18
总计	均值	5.225 0	3.683 3	4.387 5	4.396 9
	N	80	80	80	80
	标准差	1.140 95	1.827 97	1.800 10	1.644 27

7.5.4 前测结果

第一是首因赞助匹配检验。数据分析发现，首因赞助匹配在不同类型间不存在显著差异（$M_{强弱、高首因、低近因}=4.71$，$M_{弱强、高首因、低近因}=4.83$，$M_{强弱、低首因、高近因}=5.50$，$M_{弱强、低首因、高近因}=4.71$；$F(3, 76)=1.372$，$p=0.258>0.05$）。因此，首因赞助匹配操控成功。

第二是检验近因赞助匹配。数据分析发现，近因赞助匹配在不同类型间不存在显著差异（$M_{强弱、高首因、低近因}=5.26$，$M_{弱强、高首因、低近因}=5.18$，$M_{强弱、低首因、高近因}=5.40$，$M_{弱强、低首因、高近因}=5.05$；$F(3, 76)=0.323$，$p=0.809>0.05$）。因此，近因赞助匹配操控成功。

第三是对首因赞助态度的检验。数据分析发现，首因赞助态度在不同类型间不存在显著差异（$M_{强弱、高首因、低近因}=4.40$，$M_{弱强、高首因、低近因}=4.82$，$M_{强弱、低首因、高近因}=5.27$，$M_{弱强、低首因、高近因}=4.70$；$F(3, 76)=3.602$，$p=0.057>0.05$）。因此，首因赞助态度操控成功。

第四是对近因赞助态度的检验。数据分析发现，近因赞助态度在不同类型间不存在显著差异（$M_{强弱、高首因、低近因}=4.10$，$M_{弱强、高首因、低近因}=4.02$，$M_{强弱、低首因、高近因}=5.07$，$M_{弱强、低首因、高近因}=4.35$；$F(3, 76)=1.439$，$p=0.238>0.05$）。因此，近因赞助态度操控成功。

第五是对赞助涉入度的检验。数据分析发现，首因赞助涉入度在不同类型间不存在显著差异（$M_{强弱、高首因、低近因}=4.75$，$M_{弱强、高首因、低近因}=4.62$，$M_{强弱、低首因、高近因}=4.82$，$M_{弱强、低首因、高近因}=4.17$；$F(3, 76)=0.671$，$p=0.572>0.05$）。因此，首因赞助涉入度操控成功。

第六是对强弱类型品牌关系的检验。数据分析发现，强弱类型品牌关系在不同类型间存在显著差异（$M_{强弱品牌关系}=4.96$，$M_{弱强品牌关系}=2.40$；F（1，78）$=77.725$，$p=0.000<0.05$）。因此，非对称品牌关系操控成功。

第七是对首因效应的检验。数据分析发现，首因效应在不同类型间存在显著差异（$M_{高首因}=4.07$，$M_{低首因}=4.65$；F（1，78）$=0.319$，$p=0.044<0.05$）。因此，首因效应操控成功。

第八是对近因效应的检验。数据分析发现，近因效应在不同类型间存在显著差异（$M_{高近因}=4.68$，$M_{低近因}=4.10$；F（1，78）$=2.548$，$p=0.014<0.05$）。因此，近因效应操控成功。

综上所述，前测实验表明，问卷刺激物设计成功，量表可靠。因此，可进行正式实验检验研究假设。

7.6　正式实验

7.6.1　正式实验样本

正式实验主要在四川某高校进行，共对 276 名被试进行实验，剔除甄别项填答错误、漏答题项等样本，最后获得有效样本 247 个。实验分为八组进行。一组人员（32 人）参加强弱、高首因、低近因组实验，一组人员（31人）参加弱强、高首因、低近因组实验，一组人员（30 人）参加强弱、低首因、高近因组实验，一组人员（32 人）参加弱强、低首因、高近因组实验，一组人员（31 人）参加强弱、高首因、高近因组实验，一组人员（30 人）参加弱强、高首因、高近因组实验，一组人员（31 人）参加强弱、低首因、低近因组实验，一组人员（30 人）参加弱强、低首因、低近因组实验。其中，男性 160 人，女性 87 人，如表 7-8 所示。

表 7-8　正式实验样本性别分布

观察值		频率	百分比	有效百分比	累积百分比
有效	男	160	64.8	64.8	64.8
	女	87	35.2	35.2	100.0
	合计	247	100.0	100.0	-

为了检验性别是否会显著影响研究变量和操控变量，本书采取单因素方差分析进行检验。结果显示，性别差异没有对各种变量造成显著影响（$p>0.05$），如表 7-9、表 7-10、表 7-11 及表 7-12 所示。

表 7-9 性别对各变量影响均值（首因效应）

性别		首因赞助匹配	首因效应	非对称关系	首因效应赞助涉入度	首因效应赞助态度
男	均值	4.841 7	4.370 3	3.443 8	4.740 6	4.512 5
	N	160	160	160	160	160
	标准差	1.526 36	1.642 35	1.889 22	1.628 14	1.712 84
女	均值	4.781 6	4.037 4	3.160 9	4.310 3	4.206 9
	N	87	87	87	87	87
	标准差	1.654 08	1.645 79	1.734 18	1.689 99	1.744 68
总计	均值	4.820 5	4.253 0	3.344 1	4.589 1	4.404 9
	N	247	247	247	247	247
	标准差	1.569 44	1.647 94	1.837 55	1.659 59	1.726 78

表 7-10 性别对各变量影响均值（近因效应）

性别		近因效应赞助匹配	近因效应赞助态度	近因效应	跟随品牌的品牌评价
男	均值	5.041 7	4.375 0	4.323 4	4.379 2
	N	160	160	160	160
	标准差	1.248 20	1.804 95	1.637 22	1.692 46
女	均值	4.969 3	4.327 6	4.658 0	4.318 0
	N	87	87	87	87
	标准差	1.379 65	1.766 66	1.535 96	1.696 56
总计	均值	5.016 2	4.358 3	4.441 3	4.357 6
	N	247	247	247	247
	标准差	1.293 69	1.788 10	1.607 15	1.690 71

表 7-11 性别对各变量单因素方差分析（首因效应）

变量		平方和	df	均方	F	显著性
首因赞助匹配	组间	0.203	1	0.203	0.082	0.775
	组内	605.728	245	2.472	-	-
	总数	605.932	246	-	-	-

续表

变量		平方和	df	均方	F	显著性
首因效应赞助态度	组间	5.263	1	5.263	1.771	0.185
	组内	728.251	245	2.972	–	–
	总数	733.514	246	–	–	–
首因效应赞助涉入度	组间	10.434	1	10.434	3.832	0.051
	组内	667.107	245	2.723	–	–
	总数	677.540	246	–	–	–
首因效应	组间	6.248	1	6.248	2.313	0.130
	组内	661.813	245	2.701	–	–
	总数	668.060	246	–	–	–
非对称关系	组间	4.508	1	4.508	1.337	0.249
	组内	826.130	245	3.372	–	–
	总数	830.638	246	–	–	–

表 7-12 性别对各变量单因素方差分析（近因效应）

变量		平方和	df	均方	F	显著性
近因效应赞助匹配	组间	0.295	1	0.295	0.176	0.676
	组内	411.418	245	1.679	–	–
	总数	411.713	246	–	–	–
近因效应赞助态度	组间	0.127	1	0.127	0.039	0.843
	组内	786.414	245	3.210	–	–
	总数	786.540	246	–	–	–
近因效应	组间	6.310	1	6.310	2.457	0.118
	组内	629.089	245	2.568	–	–
	总数	635.399	246	–	–	–
跟随品牌的品牌评价	组间	0.211	1	0.211	0.073	0.787
	组内	702.977	245	2.869	–	–
	总数	703.188	246	–	–	–

7.6.2　测量质量

测项信度分析显示，首因赞助匹配的信度为 0.860，首因赞助态度的信度为 0.873，首因赞助事件涉入度信度为 0.758，首因效应的信度为 0.905；近因赞助匹配的信度为 0.805，近因赞助态度的信度为 0.775，近因赞助事件涉入度信度为 0.826，近因效应的信度为 0.827，非对称品牌关系信度为 0.860，跟随品牌赞助评价的信度为 0.896，整体量表信度为 0.862。前测实验表明，本研究信度较高。由于本书量表均参考前人的成熟量表，因此，量表效度有保障。

7.6.3 变量描述

按照强弱、高首因、低近因，弱强、高首因、低近因，强弱、低首因、高近因，弱强、低首因、高近因，强弱、高首因、高近因，弱强、高首因、高近因，强弱、低首因、低近因，弱强、低首因、低近因组分类，对实验各变量均值与标准差进行测量，结果见下表。

表 7-13　正式实验变量描述（首因效应）

类型		首因赞助匹配	首因效应	非对称关系	赞助涉入度	首因效应赞助态度
强弱、低首因、高近因	均值	4.433 3	5.058 3	5.211 1	4.933 3	4.266 7
	N	30	30	30	30	30
	标准差	0.967 48	1.291 02	1.115 8 3	1.546 59	1.119 83
强弱、高首因、低近因	均值	4.468 7	4.281 3	4.145 8	4.656 2	4.218 7
	N	32	32	32	32	32
	标准差	1.720 34	1.803 61	1.621 84	1.613 64	1.809 19
强弱、高首因、高近因	均值	4.548 4	5.483 9	5.032 3	4.435 5	4.451 6
	N	31	31	31	31	31
	标准差	0.937 09	0.821 42	1.378 01	0.972 47	0.994 61
强弱、低首因、低近因	均值	4.828 0	3.612 9	3.871 0	4.758 1	4.629 0
	N	31	31	31	31	31
	标准差	1.560 80	1.646 76	1.722 78	1.944 53	1.549 02
弱强、低首因、高近因	均值	4.822 9	3.546 9	2.802 1	4.234 4	4.484 4
	N	32	32	32	32	32
	标准差	1.779 99	1.624 46	1.590 43	1.741 27	1.780 20
弱强、高首因、低近因	均值	4.978 5	4.830 6	1.957 0	4.854 8	4.790 3
	N	31	31	31	31	31
	标准差	1.189 26	1.215 16	0.901 61	1.305 08	1.395 08

续表

类型		首因赞助匹配	首因效应	非对称关系	赞助涉入度	首因效应赞助态度
弱强、高首因、高近因	均值	4.455 6	3.658 3	1.800 0	4.033 3	4.900 0
	N	30	30	30	30	30
	标准差	1.769 22	1.735 14	0.805 16	1.920 55	1.849 51
弱强、低首因、低近因	均值	4.022 2	3.558 3	1.888 9	4.816 7	4.516 7
	N	30	30	30	30	30
	标准差	1.516 03	1.590 22	0.813 36	1.545 20	2.002 08
总计	均值	4.520 5	4.253 0	3.344 1	4.589 1	4.404 9
	N	247	247	247	247	247
	标准差	1.569 44	1.647 94	1.837 55	1.659 59	1.726 78

表 7-14 正式实验变量描述（近因效应）

类型		近因效应赞助匹配	近因效应赞助态度	近因效应	跟随品牌的品牌评价
强弱、低首因、高近因	均值	4.200 0	4.916 7	5.091 7	4.944 4
	N	30	30	30	30
	标准差	1.205 35	1.581 59	1.335 01	1.462 38
强弱、高首因、低近因	均值	4.864 6	4.343 8	4.312 5	3.760 4
	N	32	32	32	32
	标准差	1.544 70	1.682 15	1.728 56	1.702 27
强弱、高首因、高近因	均值	4.118 3	4.080 6	4.919 4	5.064 5
	N	31	31	31	31
	标准差	1.188 05	1.533 50	1.342 24	1.340 04
强弱、低首因、低近因	均值	4.580 6	4.854 8	3.508 1	3.021 5
	N	31	31	31	31
	标准差	1.619 25	1.996 64	1.638 70	1.714 72
弱强、低首因、高近因	均值	4.104 2	4.500 0	4.664 1	5.229 2
	N	32	32	32	32
	标准差	1.146 72	1.764 34	1.520 84	1.271 24

续表

类型		近因效应赞助匹配	近因效应赞助态度	近因效应	跟随品牌的品牌评价
弱强、高首因、低近因	均值	4.161 3	4.709 7	3.975 8	3.871 0
	N	31	31	31	31
	标准差	0.992 08	1.769 06	1.632 17	1.657 03
弱强、高首因、高近因	均值	4.677 8	4.966 7	5.116 7	5.288 9
	N	30	30	30	30
	标准差	1.502 19	1.332 18	1.333 80	1.092 41
弱强、低首因、低近因	均值	4.433 3	4.500 0	3.966 7	3.700 0
	N	30	30	30	30
	标准差	0.858 36	1.982 68	1.631 76	1.650 15
总计	均值	4.416 2	4.358 3	4.441 3	4.357 6
	N	247	247	247	247
	标准差	1.293 69	1.788 10	1.607 15	1.690 71

7.6.4 操控检验

第一是首因赞助匹配检验。数据分析发现，首因赞助匹配在不同类型间不存在显著差异（$M_{强弱、低首因、高近因} = 4.43$，$M_{强弱、高首因、低近因} = 4.46$，$M_{强弱、高首因、高近因} = 4.54$，$M_{强弱、低首因、低近因} = 4.82$，$M_{弱强、低首因、高近因} = 4.82$，$M_{弱强、高首因、低近因} = 4.97$，$M_{弱强、高首因、高近因} = 4.45$，$M_{弱强、低首因、低近因} = 4.02$；$F_{(7, 239)} = 5.920$，$p = 0.060 > 0.05$）。因此，首因赞助匹配操控成功。

第二是检验近因赞助匹配。数据分析发现，近因赞助匹配在不同类型间不存在显著差异（$M_{强弱、低首因、高近因} = 4.20$，$M_{强弱、高首因、低近因} = 4.86$，$M_{强弱、高首因、高近因} = 4.11$，$M_{强弱、低首因、低近因} = 4.58$，$M_{弱强、低首因、高近因} = 4.10$，$M_{弱强、高首因、低近因} = 4.16$，$M_{弱强、高首因、高近因} = 4.67$，$M_{弱强、低首因、低近因} = 4.43$；$F_{(7, 239)} = 1.517$，$p = 0.162 > 0.05$）。因此，近因赞助匹配操控成功。

第三是对首因赞助态度的检验。数据分析发现，首因赞助态度在不同类型间不存在显著差异（$M_{强弱、低首因、高近因} = 4.26$，$M_{强弱、高首因、低近因} = 4.86$，$M_{强弱、高首因、高近因} = 4.11$，$M_{强弱、低首因、低近因} = 4.58$，$M_{弱强、低首因、高近因} = 4.10$，$M_{弱强、高首因、低近因} = 4.16$，$M_{弱强、高首因、高近因} = 4.67$，$M_{弱强、低首因、低近因} = 4.43$；$F_{(7, 239)} = 6.808$，$p = 0.088 > 0.05$）。因此，首因赞助态度操控成功。

第四是对近因赞助态度的检验。数据分析发现，近因赞助态度在不同类型间不存在显著差异（$M_{强弱、低首因、高近因}=4.91$，$M_{强弱、高首因、低近因}=4.34$，$M_{强弱、高首因、高近因}=4.08$，$M_{强弱、低首因、低近因}=4.85$，$M_{弱强、低首因、高近因}=4.50$，$M_{弱强、高首因、低近因}=4.70$，$M_{弱强、高首因、高近因}=4.96$，$M_{弱强、低首因、低近因}=4.50$；$F(7，239)=3.881$，$p=0.101>0.05$）。因此，近因赞助态度操控成功。

第五是对赞助涉入度的检验。由于首因效应与近因效应刺激物均是足球用品品牌赞助足球赛事，所以，赞助涉入度只用测量一次。数据分析发现，赞助涉入度在不同类型间不存在显著差异（$M_{强弱、低首因、高近因}=4.93$，$M_{强弱、高首因、低近因}=4.65$，$M_{强弱、高首因、高近因}=4.43$，$M_{强弱、低首因、低近因}=4.75$，$M_{弱强、低首因、高近因}=4.23$，$M_{弱强、高首因、低近因}=4.85$，$M_{弱强、高首因、高近因}=4.03$，$M_{弱强、低首因、低近因}=4.81$；$F(7，239)=3.583$，$p=0.332>0.05$）。因此，首因赞助涉入度操控成功。

第六是对强弱类型品牌关系的检验。数据分析发现，强弱类型品牌关系在不同类型间存在显著差异（$M_{强弱品牌关系}=4.55$，$M_{弱强品牌关系}=2.12$；$F(1，245)=192.964$，$p=0.000<0.05$）。因此，非对称品牌关系操控成功。

第七是对首因效应的检验。数据分析发现，首因效应在不同类型间存在显著差异（$M_{高首因}=4.56$，$M_{低首因}=3.93$；$F(1，245)=9.441$，$p=0.002<0.05$）。因此，首因效应操控成功。

第八是对近因效应的检验。数据分析发现，近因效应在不同类型间存在显著差异（$M_{高近因}=4.07$，$M_{低近因}=4.65$；$F(1，48)=1.789$，$p=0.000<0.05$）。因此，近因效应操控成功。

7.6.5　假设检验

假设 H1 推测，与低首因效应相比，高首因效应更能提升跟随品牌的品牌评价。单因素方差分析显示，跟随品牌的品牌评价在首因效应类型间存在显著差异，且高首因效应更能提升跟随品牌的品牌评价（$M_{高首因}=4.27$，$M_{低首因}=4.23$；$F(1，245)=1.391$，$p=0.040<0.05$）。因此，假设 H1 得到第三次验证。

假设 H2 推测，与低近因效应相比，高近因效应更能提升跟随品牌的品牌评价。单因素方差分析显示，跟随品牌的品牌评价在近因效应类型间存在显著差异，且高近因效应更能提升跟随品牌的品牌评价（$M_{高近因}=5.13$，$M_{低近因}=3.58$；$F(1，245)=64.877$，$p=0.000<0.05$）。因此，假设 H2 得到第

三次验证。

假设 H3a 推测，与高首因、高近因效应相比，高首因效应更能提升跟随品牌的品牌评价。单因素方差分析显示，跟随品牌的品牌评价在高首因组评价更高且存在显著差异（$M_{高首因}=4.27$，$M_{高首因、高近因}=4.02$；$F(1, 183) = 4.09$，$p=0.045<0.05$）。因此，假设 H3a 得到第二次验证。

假设 H3b 推测，与高首因效应相比，高首因、低近因效应更能提升跟随品牌的品牌评价。单因素方差分析显示，跟随品牌的品牌评价在高首因、低近因组评价更高且存在显著差异（$M_{高首因}=4.27$，$M_{高首因、低近因}=4.79$；$F(1, 185)=4.871$，$p=0.029<0.05$）。因此，假设 H3b 得到第二次验证。

假设 H3c 推测，与高首因、低近因效应相比，低首因、高近因效应更能提升赞助跟随对跟随品牌的品牌评价。单因素方差分析显示，跟随品牌的品牌评价在低首因、高近因组评价更高且存在显著差异（$M_{高首因、低近因}=4.79$，$M_{低首因、高近因}=5.09$；$F(1, 123)=10.327$，$p=0.002<0.05$）。因此，假设 H3c 得到第二次验证。

假设 H4a 推测，在强-弱联想型的非对称关系情况下，与低首因效应相比，高首因效应更能提升跟随品牌的品牌评价。单因素方差分析显示，在强-弱联想型的非对称关系情况下，与低首因效应相比，跟随品牌的品牌评价在高首因组评价更高且存在显著差异（$M_{高首因}=4.40$，$M_{低首因}=3.96$；$F(1, 122)=1.897$，$p=0.030<0.05$）。因此，假设 H4a 得到验证。

假设 H4b 推测，在弱-强联想型的非对称关系情况下，与低首因效应相比，高首因效应不会显著提升跟随品牌的品牌评价。单因素方差分析显示，在弱-强联想型的非对称关系情况下，高首因效应不会显著提升跟随品牌的品牌评价（$M_{高首因}=4.56$，$M_{低首因}=4.48$；$F(1, 121)=0.074$，$p=0.786>0.05$）。因此，假设 H4b 得到验证。

假设 H4c 推测，在强-弱联想型的非对称关系情况下，与低近因效应相比，高近因效应不能显著提升跟随品牌的品牌评价。单因素方差分析显示，在强-弱联想型的非对称关系情况下，高近因效应与低近因效应对跟随品牌的品牌评价没有显著影响（$M_{高近因}=4.50$，$M_{低近因}=4.42$；$F(1, 121)=31.019$，$p=0.099>0.05$）。因此，假设 H4c 得到验证。

假设 H4d 推测，在弱-强联想型的非对称关系情况下，与低近因效应相比，高近因效应更能提升跟随品牌的品牌评价。单因素方差分析显示，在弱-

强联想型的非对称关系情况下，与低近因效应相比，高近因效应更能提升跟随品牌的品牌评价（$M_{高近因}=5.25$，$M_{低近因}=3.78$；$F（1，121）=32.662$，$p=0.000<0.05$）。因此，假设 H4d 得到验证。

7.7　小结

本小节着重介绍了本章的研究设计，包括实验组设计、前测实验、正式实验，描述了实证研究的过程。

首先是实验组设计。研究 4 重点分析了品牌关系的调节作用。本书采用实验法检验研究 4 的假设，并对研究 1、研究 2、研究 3 的假设进行了重复验证。根据研究假设，本章节采用了 2（首因效应：高 vs 低）X2（近因效应：高 vs 低）X 2（近因效应：高 vs 低）的实验设计。情景实验是消费者行为研究中的常用方法，能够较好地操控消费者对情景的反应，并减少无关变量的干扰（Brewer，2000），在赞助研究中被广泛采用（徐玖平和朱洪军，2008；刘凤军和李强，2011；Close and Lacey，2013；Quester，et al.，2013；刘英，等，2014）。

其次是前测实验。前测主要在四川某高校进行，共有 80 人参加，男生 51 人，女生 29 人。一组人员（20 人）参加强弱、高首因、低近因组实验，一组人员（20 人）参加弱强、高首因、低近因组实验，一组（20 人）参加强弱、低首因、高近因组实验，一组（20 人）参加弱强、低首因、高近因组实验。前测实验以发放问卷的形式完成。

最后是正式实验。正式实验部分描述了数据的基本特征，包括样本描述、变量描述、量表信度和操控检验。分析结果显示，量表信度和变量操控均符合要求。本章第三次验证了假设 H1 与 H2，第二次验证了假设 H3a、H3b、H3c，假设 H4a、H4b、H4c、H4d 也得到验证。

第 8 章　研究 5：跟随定位的调节作用

8.1　研究假设

跟随品牌为了实现高相似的跟随定位，其赞助行为与竞争品牌的赞助行为（赞助过程、赞助对象、赞助方式、赞助广告等）高相似，而消费者感知到的目标（跟随品牌的赞助行为）与标准（竞争品牌的赞助行为）高相似。因此，对于首因效应而言，消费者会形成相似性检验并启动同化效应，跟随品牌的赞助评价会向竞争品牌的赞助评价靠拢。与低首因效应相比，高首因效应更能提升跟随品牌的品牌评价。基于此，本书得出假设 H5a。

H5a：在跟随品牌采取高相似定位的情况下，与低首因效应相比，高首因效应更能提升跟随品牌的品牌评价。

当跟随品牌采取低相似的跟随定位时，其赞助行为与竞争品牌的赞助行为（赞助过程、赞助对象、赞助方式、赞助广告等）低相似。因此，对于首因效应而言，消费者会形成相异性检验并启动对比效应，跟随品牌的赞助评价会与竞争品牌的赞助评价相悖。所以，与高首因效应相比，低首因效应更能提升跟随品牌的品牌评价。基于此，本书得出假设 H5b。

H5b：在跟随品牌采取低相似定位的情况下，与高首因效应相比，低首因效应更能提升跟随品牌的品牌评价。

8.2　实验设计

本章节主要探讨跟随定位的调节作用，采用实验法检验假设。根据研究假设，本章节采用了 2（首因效应：高 vs 低）X2（近因效应：高 vs 低）X2（非对称品牌关系：强-弱联想型 vs 弱-强联想型）X2（跟随定位：高 vs 低）的实验设计。考虑到低首因、低近因组没有现实意义，且假设组中没有关于低首因、低近因的假设，因此，在 16 个实验组的基础上，剔除了 2（非对称品牌关系：强-弱联想型 vs 弱-强联想型）X2（跟随定位：高 vs 低）X（低首因、低近因）4 个实验组。因此，本实验最终确定 12 个实验组。

首先是刺激物的设计。对于首因效应与近因效应的设计，要注意以下六点：

1. 赞助事件代表性：赞助事件代表性越高，其给消费者造成的印象越深刻，越会形成高的首因效应或近因效应（Biswas，et al.，2010）。因此，在刺激物设计中，对于高的首因效应或近因效应的刺激物设计，应增强赞助赛事在行业中的代表性。

2. 出乎意料性（unexpected）：有研究表明，越是超乎消费者的想象和理解的事件，越容易让消费者留下深刻印象，越容易让消费者形成高的首因效应或近因效应（Dennis and Ahn，2001）。因此，在刺激物设计中，对于高的首因效应或近因效应的刺激物设计，应增强该赞助事件的出乎意料性。

3. 赞助事件影响力：研究表明，赞助对象影响力越强，越容易加深消费者对赞助事件印象，并形成高首因或近因效应（Smith，2010）。因此，在刺激物设计中，对于高首因效应或近因效应刺激物设计，应增强其赞助对象影响力；对于低首因或近因效应刺激物设计，应降低其赞助对象影响力。

4. 时间间隔：有学者发现，时间间隔能够直接影响首因效应在消费者心中的强弱，当时间间隔越长，首因事件在消费者心目中留下的印象越模糊，首因效应越弱；时间间隔越短，首因事件在消费者心中留下的印象越强烈，印象越强烈，首因效应越强。一般而言，人的记忆以 15 天为一个周期（Zaharia，et al.，2015），一个记忆周期内发生的事件容易形成高首因。据此，本书将高首因的时间间隔设置为 15 天（半个月），低首因的时间间隔设置为三个月。

5. 细节描述：刺激物描写得越详细，对细节的描述越细致，消费者越有可能形成较深刻的印象，并形成高的首因或近因效应；对细节的描写越笼统，甚至不对细节进行描述；越不容易在消费者心目中留下深刻印象，其首因效应或近因效应也就越淡漠（Martin，et al.，2016）。因此，在刺激物中，高的首因效应或近因效应刺激物的设计，应对赞助细节进行描述。反之则进行笼统的描述。

6. 叙事结构：当刺激物为 A＋B 的叙事形式时，A 段叙事完成，马上请被试评价 A，评价完成后，再对 B 进行叙述并评价，这时呈现的是较强的首因效应（被试对 A 印象较为深刻）；在 A＋B 叙事完成后，再统一问 A、B 的印象，这时呈现的更多的是近因效应（被试对 B 印象较为深刻）（Wang and Shukla，2013）。因此，在刺激物设计中，当试图呈现高首因效应时，刺激物呈现形式均为叙事 A—问题 A—叙事 B—问题 B；当试图呈现高近因效应时，刺激物呈现形式均为叙事 A—叙事 B—问题 A—问题 B。

对于高低相似跟随定位刺激物的设计，主要注意赞助事件涉及三大主体，即赞助方、被赞助方、消费者。由于在首因效应以及近因效应刺激物的设计中，赞助方、被赞助方、消费者已确定，因此，对于高低跟随定位的设计，只能从连通三者关系的赞助沟通入手。对于高跟随定位，强调其高相似的赞助沟通方式；对于低跟随定位，强调其低相似的赞助沟通方式。

具体而言，刺激物设计信息如下：

1. 高首因效应刺激物。根据多个现实赞助案例改编而成，考虑到赞助匹配程度、赞助态度、赞助事件涉入度等因素，最终选择的赞助事件为网球用品品牌赞助澳网。本书混合多家网站的报道，精炼并修改描述文字，形成高首因效应刺激物，具体为"A 品牌是一家历史悠久的专业生产与销售网球用品的运动品牌。提到网球用品生产品牌，消费者很容易想到 A 品牌。长久以来，A 品牌将发展战略集中在新产品研发与推广方面，很少对网球赛事进行赞助。然而，最近 A 品牌对澳大利亚网球公开赛（以下简称澳网）球赛进行了赞助。据澳网组委会官方消息，此次赞助费用在 1200 万人民币左右"。

2. 低首因效应刺激物。设计原则同上，选择的赞助事件为网球用品品牌赞助上海网球大师赛，具体为"A 品牌是一家历史悠久的专业生产与销售网球用品的运动品牌。提到网球用品生产品牌，消费者很容易想到 A 品牌。为了拓展市场，A 品牌经常对网球赛事进行赞助。据悉，A 品牌赞助了即将举办的上海网球大师赛"。

3. 高近因效应刺激物。根据多个现实赞助案例改编而成，考虑到赞助匹配程度、赞助态度、赞助事件涉入度等因素，最终选择的赞助事件为网球用品品牌赞助澳网。本书混合多家网站的报道，精炼并修改描述文字，形成高近因效应刺激物，具体为"长久以来，由于公司发展战略的考虑，B 品牌很少对网球赛事进行赞助。为了应对 A 品牌不久之前的赞助行为，在 A 品牌宣布其赞助决定半个月后，B 品牌宣布对下一届澳大利亚网球公开赛（以下简称澳网）进行赞助。澳网是全球知名的四大网球公开赛之一。据澳网官方消息，此次赞助费用在 1500 万人民币左右"。

4. 低近因效应刺激物。设计原则同上，选择的赞助事件为网球用品品牌赞助上海网球大师赛，具体为"为了拓展市场，B 品牌经常对网球赛事进行赞助。为了应对 A 品牌前不久的赞助行为，在 A 品牌宣布其赞助决定的半个月之后，B 品牌宣布对上海网球大师赛进行赞助"。

5. 强-弱型品牌关系。作为 A 品牌的同行业竞争品牌，B 品牌是一家历史悠久的专业生产与销售网球用品的运动品牌。提到网球用品生产品牌，消费者不容易第一时间想到 B 品牌。并且，由于 A 品牌在行业中的代表性，当提到 B 品牌时，消费者很容易联想到 A 品牌。

6. 弱-强型品牌关系。作为 A 品牌的同行业竞争品牌，B 品牌是一家历史悠久的专业生产与销售网球用品的运动品牌。提到网球用品生产品牌，消费者容易第一时间想到 B 品牌。并且，由于 B 品牌在行业中的代表性，当提到 A 品牌时，消费者很容易联想到 B 品牌。

7. 高相似跟随定位刺激物。为了更好地对宣传赛事赞助进行宣传，A 品牌选择男子顶尖网球运动员作为此次赛事赞助的代言人。并且，为了扩大此次赞助行为的影响力，A 品牌特地选择了各大门户网站、网络体育论坛、专业网球新闻网站投放此次赞助广告，意图让更多的网球爱好者宣传此次赞助行为，扩大 A 品牌的影响力。

为了扩大此次赞助行为的影响力，B 品牌采取了与 A 品牌相似的赞助行为，包括聘请男子顶尖网球选手作为赛事赞助代言人，特地选择了各大门户网站、网络体育论坛、专业网球新闻网站投放此次赞助广告，意图让更多的网球爱好者宣传此次赞助行为，扩大 B 品牌的影响力。

8. 低相似跟随定位刺激物。为了更好地对宣传赛事赞助进行宣传，A 品牌选择男子顶尖网球运动员作为此次赛事赞助的代言人。并且，为了扩大此次赞助行为的影响力，A 品牌特地选择了各大门户网站、网络体育论坛、专业网球新闻网站投放此次赞助广告，意图让更多的网球爱好者宣传此次赞助行为，扩大 A 品牌的影响力。

为了扩大此次赞助行为的影响力，B 品牌采取了与 A 品牌不同的赞助信息发布思路，B 品牌聘请女子顶尖网球选手作为赛事赞助代言人，在自身的信息发布渠道如 B 品牌官网、B 品牌销售门店与 B 品牌粉丝论坛等投放此次赞助广告，意图让更多的 B 品牌消费者获知此次赞助行为，让 B 品牌粉丝更加喜爱 B 品牌。

为了更好地形成问卷效果，考虑到叙事结构对被试的首因效应和近因效应形成会造成影响，针对不同的刺激目的，本书对问卷叙事结构做了特殊安排。具体而言，对于高首因、低近因效应的问卷，其问卷的结构为高首因效应刺激物—关于高首因效应问题—低近因效应刺激物—关于低近因效应问题；对于高首因、高近因效应的问卷，其问卷的结构为高首因效应刺激物—高近因效应刺激物—关于高首因效应问题—关于高近因效应问题；对于低首因效应、高近因效应的问卷，其问卷结构为低首因效应刺激物—高近因效应刺激物—关于低首因效应问题—关于高近因效应问题；对于低首因效应、低近因效应的问卷，其问卷结构为低首因效应刺激物—关于低首因效应问题—低近因效应刺激物—关于低近因效应问题。

8.3　实验程序

实验在成都市某高校课堂进行，实验的研究环境均设置为大学课堂尾声，主要是为了保证在一个相对封闭、安静的环境下进行实验以减少外来干扰。所有被试均为在校本科生。研究实验程序如下：首先进行前测实验，验证刺激物的有效性；然后进行正式实验，以检验研究假设。正式实验在前测实验一周后进行。问卷包括以下部分：

第一，首因效应以及近因效应等刺激物描述；

第二，变量测量；

第三，人口统计特征题项。

8.4　变量测量

本书采用 7 分 Likert 量表（最小分值为 1 分，最大分值为 7 分，分值越高表示越同意）对刺激物进行了变量测量。第一是对赞助匹配的测量，参考 Zaharia 等（2015）的研究，题项为"作为网球用品品牌，我认为 A 品牌赞助澳网（上海网球大师赛）是很正常的""作为网球用品品牌，我认为 A 品牌赞助澳网（上海网球大师赛）是合适的""作为网球用品品牌，我认为 A 品牌赞助澳网（上海网球大师赛）是有道理的"。第二是对赞助态度的测量，参考刘英等（2014）的研究，测量题项包括"我经常观看网球赛事"和"我对网球赛事很熟悉"。第三是对赞助事件涉入度的测量，主要参考杨洋等（2015）的研究，题项包括"我认同 A 品牌对澳网（上海网球大师赛）的赞助行为"和"我支持 A 品牌对澳网（上海网球大师赛）的赞助行为"。第四是对于首因效应高低程度的测量，参考 Noguchi 等（2014）以及 Reed 和 Morgan（2006）的研究，从事件回想和事件识别两个维度来测量，测量题项分别为"我觉得 A 品牌对澳网（上海网球大师赛）的赞助事件令人印象深刻""我认为 A 品牌对澳网（上海网球大师赛）的赞助事件令人难以忘却""我认为在众多的赛事赞助事件当中，A 品牌对澳网（上海网球大师赛）进行赞助是比较独特的""我认为 A 品牌对澳网（上海网球大师赛）进行赞助是一件独一无二的事件"。第五是甄别项的设置，测量题项为"A 品牌是个网球用品品牌"。第六是对被试情绪的考察，题项分别为"我现在心情不错"和"我很高兴能参加此次调查"。第七是对非对称品牌关系的测量，参考 Lei（2013）的研究，测量题项为"我认为 A 品牌代表性较强""当我接触到有关 B 品牌的信息时，我很容易联想到 A 品牌"和"当我接触到有关 B 品牌的信息时，我会情不自禁地想到 A 品牌的相关信息"。第八是对跟随定位的测量，参考 Roberts 和 Dowling（2000）的研究，跟随定位的测量题项为"B 品牌的赞助行为与 A 品牌的赞助行为相似""B 品牌的赞助行为让我联想到 A 品牌的赞助行为"。最后是对跟随品牌（B 品牌）品牌评价的考察，参考徐玖平和朱洪军（2008）、Smith（2010）的研究，测量题项包括"经过这次赞助事件，我感觉 B 品牌更不错了""经过这次赞助事件，我更喜欢 B 品牌了"和"经过这次赞助事件，对我而言，B 品牌更具有吸引力了"。对于近因效应相关控制变量的测量，与首因效应控制变量的测量相同。

8.5　前测实验

8.5.1　前测样本

本书通过前测实验检查各变量是否操控成功。本书共邀请 83 人参与前测实验，分为 4 组。其中，低相似、强弱、低首因、高近因 21 人，低相似、强弱、高首因、低近因 20 人，高相似、弱强、低首因、高近因 20 人，高相似、弱强、高首因、低近因 22 人。前测实验以发放问卷的形式完成。本实验主要采用学生作为被试，因为学生样本能够排除收入、职业方面差异的影响，具有较好的同质性，适合进行探索性研究（Shuptrine，1975）。其中，男性 60 人，女性 23 人，并且性别没有对其他变量认识造成显著影响（$p>0.05$），如表 8-1 及表 8-2 所示。

表 8-1　前测实验样本性别分布

观察值		频率	百分比	有效百分比	累积百分比
有效	男	60	72.3	72.3	72.3
	女	23	27.7	27.7	100.0
	合计	83	100.0	100.0	-

表 8-2　性别对各变量单因素方差分析

变量		平方和	df	均方	F	显著性
首因赞助匹配均值	组间	0.196	1	0.196	0.076	0.784
	组内	208.851	81	2.578	-	-
	总数	209.047	82	-	-	-
首因赞助态度均值	组间	0.577	1	0.577	0.168	0.683
	组内	278.092	81	3.433	-	-
	总数	278.669	82	-	-	-
赞助涉入度均值	组间	8.376	1	8.376	2.611	0.110
	组内	259.865	81	3.208	-	-
	总数	268.241	82	-	-	-
首因效应均值	组间	1.323	1	1.323	0.397	0.530
	组内	269.962	81	3.333	-	-
	总数	271.285	82	-	-	-
近因赞助匹配均值	组间	0.632	1	0.632	0.230	0.633
	组内	222.811	81	2.751	-	-
	总数	223.443	82	-	-	-
非对称品牌关系均值	组间	2.600	1	2.600	0.823	0.367
	组内	255.732	81	3.157	-	-
	总数	258.332	82	-	-	-
近因赞助态度均值	组间	0.010	1	0.010	0.003	0.959
	组内	288.454	81	3.561	-	-
	总数	288.464	82	-	-	-

变量		平方和	df	均方	F	显著性
近因效应均值	组间	0.354	1	0.354	0.091	0.764
	组内	314.536	81	3.883	-	-
	总数	314.890	82	-	-	-
跟随定位均值	组间	2.922	1	2.922	2.110	0.150
	组内	112.181	81	1.385	-	-
	总数	115.102	82	-	-	-
跟评均值	组间	2.373	1	2.373	0.707	0.403
	组内	271.881	81	3.357	-	-
	总数	274.254	82	-	-	-

8.5.2 前测测量质量

测项信度分析显示，首因赞助匹配的信度为 0.806，首因赞助态度的信度为 0.872，首因赞助事件涉入度信度为 0.755，首因效应的信度为 0.766；近因赞助匹配的信度为 0.805，非对称品牌关系的信度为 0.758，近因赞助态度的信度为 0.895，近因效应的信度为 0.820，跟随定位的信度为 0.877，跟随品牌赞助评价的信度为 0.888，整体量表信度为 0.875。前测实验表明，本研究信度较高。由于本书量表均参考前人的成熟量表，因此，量表效度有保障。

8.5.3 变量描述

按照低相似、强弱、低首因、高近因组，低相似、强弱、高首因、低近因组，高相似、弱强、低首因、高近因组，高相似、弱强、高首因、低近因组分类，对实验各变量均值与标准差进行测量，结果见下表。

表 8-3 前测实验变量描述（1）

类型		首因赞助匹配均值	首因赞助态度均值	赞助涉入度均值	首因效应均值	近因赞助匹配均值
低相似、强弱、低首因、高近因	均值	4.634 9	4.642 9	4.166 7	3.857 1	4.190 5
	N	21	21	21	21	21
	标准差	1.649 60	1.597 99	2.093 64	1.752 80	1.768 78

续表

类型		首因赞助匹配均值	首因赞助态度均值	赞助涉入度均值	首因效应均值	近因赞助匹配均值
低相似、强弱、高首因、低近因	均值	5.266 7	4.975 0	4.450 0	4.375 0	5.133 3
	N	20	20	20	20	20
	标准差	1.366 26	1.381 03	1.731 29	1.789 04	1.267 68
高相似、弱强、低首因、高近因	均值	5.433 3	4.400 0	4.575 0	3.100 0	5.100 0
	N	20	20	20	20	20
	标准差	1.155 21	1.313 89	1.195 11	1.520 47	1.533 64
高相似、弱强、高首因、低近因	均值	4.242 4	4.840 9	4.181 8	3.988 6	4.287 9
	N	22	22	22	22	22
	标准差	1.883 32	1.808 62	1.816 23	2.046 31	1.820 80
总计	均值	4.875 5	4.634 9	4.578 3	3.834 3	4.662 7
	N	83	83	83	83	83
	标准差	1.596 67	1.843 47	1.808 65	1.818 89	1.650 73

表 8-4 前测实验变量描述 (2)

类型		非对称品牌关系均值	近因赞助态度均值	近因效应均值	跟随定位均值
低相似、强弱、低首因、高近因	均值	4.841 3	4.547 6	3.952 4	3.857 1
	N	21	21	21	21
	标准差	1.420 56	1.935 88	2.014 97	1.074 04
低相似、强弱、高首因、低近因	均值	5.700 0	4.300 0	3.462 5	4.350 0
	N	20	20	20	20
	标准差	0.322 64	1.765 16	1.810 56	1.278 36
高相似、弱强、低首因、高近因	均值	2.700 0	4.250 0	4.162 5	3.750 0
	N	20	20	20	20
	标准差	1.529 06	1.230 10	2.093 65	0.993 40
高相似、弱强、高首因、低近因	均值	4.075 8	4.522 7	3.988 6	4.204 5
	N	22	22	22	22
	标准差	1.876 99	1.905 36	1.984 28	1.333 27

类型		非对称品牌 关系均值	近因赞助 态度均值	近因效应均值	跟随定位 均值
总计	均值	4.329 3	4.356 6	3.894 6	4.042 2
	N	83	83	83	83
	标准差	1.774 93	1.875 59	1.959 62	1.184 77

8.5.4 前测结果

第一是首因赞助匹配检验。数据分析发现，首因赞助匹配在不同类型间不存在显著差异（$M_{低相似、强弱、低首因、高近因}=4.63$，$M_{低相似、强弱、高首因、低近因}=5.26$，$M_{高相似、弱强、低首因、高近因}=5.43$，$M_{高相似、弱强、高首因、低近因}=4.24$；$F(3,79)=2.681$，$p=0.052>0.05$）。因此，首因赞助匹配操控成功。

第二是检验近因赞助匹配。数据分析发现，近因赞助匹配在不同类型间不存在显著差异（$M_{低相似、强弱、低首因、高近因}=4.19$，$M_{低相似、强弱、高首因、低近因}=5.13$，$M_{高相似、弱强、低首因、高近因}=5.10$，$M_{高相似、弱强、高首因、低近因}=4.28$；$F(3,79)=2.035$，$p=0.116>0.05$）。因此，近因赞助匹配操控成功。

第三是对首因赞助态度的检验。数据分析发现，首因赞助态度在不同类型间不存在显著差异（$M_{低相似、强弱、低首因、高近因}=4.64$，$M_{低相似、强弱、高首因、低近因}=4.97$，$M_{高相似、弱强、低首因、高近因}=4.40$，$M_{高相似、弱强、高首因、低近因}=4.84$；$F(3,79)=12.534$，$p=0.225>0.05$）。因此，首因赞助态度操控成功。

第四是对近因赞助态度的检验。数据分析发现，近因赞助态度在不同类型间不存在显著差异（$M_{低相似、强弱、低首因、高近因}=4.54$，$M_{低相似、强弱、高首因、低近因}=4.30$，$M_{高相似、弱强、低首因、高近因}=4.25$，$M_{高相似、弱强、高首因、低近因}=4.52$；$F(3,79)=5.431$，$p=0.062>0.05$）。因此，近因赞助态度操控成功。

第五是对赞助涉入度的检验。由于首因效应刺激物与近因效应刺激物均是网球用品品牌赞助网球赛事，所以数据分析发现，首因赞助涉入度在不同类型间不存在显著差异（$M_{低相似、强弱、低首因、高近因}=4.16$，$M_{低相似、强弱、高首因、低近因}=4.45$，$M_{高相似、弱强、低首因、高近因}=4.57$，$M_{高相似、弱强、高首因、低近因}=4.18$；$F(3,79)=0.671$，$p=0.067>0.05$）。因此，赞助涉入度操控成功。

第六是对强弱类型品牌关系的检验。数据分析发现，强弱类型品牌关系在不同类型间存在显著差异（$M_{强弱品牌关系}=5.26$，$M_{弱强品牌关系}=3.42$；$F(1,81)=30.227$，$p=0.000<0.05$）。因此，非对称品牌关系操控成功。

第七是对跟随定位的检验。数据分析发现，高相似定位与低相似定位在不同类型间存在显著差异（$M_{高相似}=4.98$，$M_{低相似}=4.09$；$F(1,81)=2.307$，$p=0.007<0.05$）。因此，跟随定位操控成功。

第八是对首因效应的检验。数据分析发现，首因效应在不同类型间存在显著差异（$M_{高首因}=4.17$，$M_{低首因}=3.48$；$F(1,81)=3.013$，$p=0.046<0.05$）。因此，首因效应操控成功。

第九是对近因效应的检验。数据分析发现，近因效应在不同类型间存在显著差异（$M_{高近因}=4.05$，$M_{低近因}=3.73$；$F(1,81)=0.539$，$p=0.005<0.05$）。因此，近因效应操控成功。

综上所述，前测实验表明问卷刺激物设计成功，量表可靠。因此，可进行正式实验检验研究假设。

8.6 正式实验

8.6.1 正式实验样本

正式实验主要在四川某高校进行，共对 400 名被试进行实验，剔除甄别项填答错误、漏答题项等样本，最后获得有效样本 369 个。考虑到低首因、低近因组没有现实意义，且假设组中没有关于低首因、低近因的假设，因此，在 16 个实验组的基础上，剔除了 2（非对称品牌关系：强-弱联想型 vs 弱-强联想型）X2（跟随定位：高 vs 低）X（低首因、低近因）4 个调查组。因此，本实验最终确定 12 个实验组。低相似、强弱、低首因、高近因组 30 人，低相似、强弱、高首因、低近因组 30 人，低相似、弱强、低首因、高近因组 30 人，低相似、弱强、高首因、低近因 30 人，高相似、强弱、低首因、高近因组 30 人，高相似、强弱、高首因、低近因组 30 人，高相似、弱强、低首因、高近因组 31 人，高相似、弱强、高首因、低近因组 30 人，高相似、弱强、高首因、高近因组 34 人，高相似、强弱、高首因、高近因组 30 人，低相似、弱强、高首因、高近因组 31 人，低相似、强弱、高首因、高近因组 33 人，如表 8-5 所示。

表 8-5　实验组分布

观察值		频率	百分比	有效百分比	累积百分比
有效	低相似、强弱、低首因、高近因	30	8.1	8.1	8.1
	低相似、强弱、高首因、低近因	30	8.1	8.1	16.3
	低相似、弱强、低首因、高近因	30	8.1	8.1	24.4
	低相似、弱强、高首因、低近因	30	8.1	8.1	32.5
	高相似、强弱、低首因、高近因	30	8.1	8.1	40.7
	高相似、强弱、高首因、低近因	30	8.1	8.1	48.8
	高相似、弱强、低首因、高近因	31	8.4	8.4	57.2
	高相似、弱强、高首因、低近因	30	8.1	8.1	65.3
	高相似、弱强、高首因、高近因	34	9.2	9.2	74.5
	高相似、强弱、高首因、高近因	30	8.1	8.1	82.7
	低相似、弱强、高首因、高近因	31	8.4	8.4	91.1
	低相似、强弱、高首因、高近因	33	8.9	8.9	100.0
	合计	369	100.0	100.0	–

其中，男性 249 人，女性 120 人。本书采取单因素方差分析进行检验，结果显示，性别差异没有对各种变量造成显著影响（$p > 0.05$），如表 8-6 及表 8-7 所示。

表 8-6　正式实验样本性别分布

观察值		频率	百分比	有效百分比	累积百分比
有效	男	249	67.5	67.5	67.5
	女	120	32.5	32.5	100.0
	合计	369	100.0	100.0	–

表 8-7　性别对各变量单因素方差分析

变量		平方和	df	均方	F	显著性
首因赞助匹配均值	组间	3.915	1	3.915	2.067	0.151
	组内	695.191	367	1.894	–	–
	总数	699.106	368	–	–	–

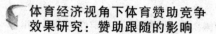

续表

变量		平方和	df	均方	F	显著性
首因赞助态度均值	组间	8.466	1	8.466	3.434	0.065
	组内	904.912	367	2.466	—	—
	总数	913.378	368	—	—	—
赞助涉入度均值	组间	0.018	1	0.018	0.008	0.930
	组内	873.015	367	2.379	—	—
	总数	873.034	368	—	—	—
首因效应均值	组间	0.006	1	0.006	0.002	0.963
	组内	1021.204	367	2.783	—	—
	总数	1021.210	368	—	—	—
近因赞助匹配均值	组间	1.402	1	1.402	0.695	0.405
	组内	739.887	367	2.016	—	—
	总数	741.289	368	—	—	—
非对称品牌关系均值	组间	5.556	1	5.556	1.773	0.184
	组内	1149.945	367	3.133	—	—
	总数	1155.501	368	—	—	—
近因赞助态度均值	组间	2.474	1	2.474	0.869	0.352
	组内	1045.381	367	2.848	—	—
	总数	1047.855	368	—	—	—
近因效应均值	组间	8.901	1	8.901	2.827	0.094
	组内	1155.458	367	3.148	—	—
	总数	1164.360	368	—	—	—
跟随定位均值	组间	3.419	1	3.419	1.694	0.194
	组内	740.631	367	2.018	—	—
	总数	744.050	368	—	—	—
跟评均值	组间	8.525	1	8.525	2.700	0.101
	组内	1158.589	367	3.157	—	—
	总数	1167.114	368	—	—	—

8.6.2　测量质量

测项信度分析显示，首因赞助匹配的信度为 0.872，首因赞助态度的信度为 0.853，首因赞助事件涉入度信度为 0.758，首因效应的信度为 0.887；近因赞助匹配的信度为 0.855，近因赞助态度的信度为 0.799，近因赞助事件涉入度信度为 0.801，近因效应的信度为 0.821，非对称品牌关系信度为 0.810，跟随品牌赞助评价的信度为 0.816，整体量表信度为 0.844。前测实验表明，本研究信度较高。由于本书量表均参考前人的成熟量表，因此，量表效度有保障。

8.6.3　变量描述

按照低相似、强弱、低首因、高近因组，低相似、强弱、高首因、低近因组，低相似、弱强、低首因、高近因组，低相似、弱强、高首因、低近因组，高相似、强弱、低首因、高近因组，高相似、强弱、高首因、低近因组，高相似、弱强、低首因、高近因组，高相似、弱强、高首因、低近因组，高相似、弱强、高首因、高近因组，高相似、强弱、高首因、高近因组，低相似、弱强、高首因、高近因组，低相似、强弱、高首因、高近因组，对实验各变量均值与标准差进行测量，结果见下表。

表 8-8　正式实验变量描述（1）

类型		首因赞助匹配均值	首因赞助态度均值	赞助涉入度均值	首因效应均值	近因赞助匹配均值	非对称品牌关系均值
低相似、强弱、低首因、高近因	均值	4.577 8	4.716 7	4.033 3	4.075 0	4.077 8	4.900 0
	N	30	30	30	30	30	30
	标准差	1.681 39	1.501 05	2.046 58	1.760 62	1.878 87	1.336 63
低相似、强弱、高首因、低近因	均值	5.344 4	4.000 0	4.466 7	4.441 7	5.077 8	5.433 3
	N	30	30	30	30	30	30
	标准差	1.260 92	1.299 87	1.716 72	1.819 06	1.329 54	0.987 08
低相似、弱强、低首因、高近因	均值	5.055 6	4.450 0	4.916 7	3.700 0	4.922 2	2.966 7
	N	30	30	30	30	30	30
	标准差	1.503 72	2.014 39	1.548 54	1.792 47	1.540 47	1.554 50
低相似、弱强、高首因、低近因	均值	4.577 8	4.833 3	4.166 7	4.341 7	4.944 4	4.544 4
	N	30	30	30	30	30	30
	标准差	1.761 52	1.693 46	2.010 03	1.792 57	1.403 56	1.624 72
高相似、强弱、低首因、高近因	均值	4.533 3	4.233 3	4.266 7	4.283 3	4.266 7	4.466 7
	N	30	30	30	30	30	30
	标准差	1.723 40	1.910 65	1.972 80	1.716 72	1.894 54	1.769 47

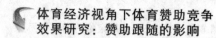
类型		首因赞助匹配均值	首因赞助态度均值	赞助涉入度均值	首因效应均值	近因赞助匹配均值	非对称品牌关系均值
高相似、强弱、高首因、低近因	均值	5.188 9	4.700 0	4.533 3	4.916 7	5.155 6	5.155 6
	N	30	30	30	30	30	30
	标准差	1.323 77	1.803 25	1.716 72	1.658 75	1.315 20	1.300 55
高相似、弱强、低首因、高近因	均值	5.096 8	4.112 9	4.290 3	3.451 6	4.871 0	3.139 8
	N	31	31	31	31	31	31
	标准差	1.515 83	1.891 69	1.553 35	1.642 43	1.750 51	1.780 08
高相似、弱强、高首因、低近因	均值	4.388 9	4.716 7	4.200 0	4.083 3	4.488 9	4.111 1
	N	30	30	30	30	30	30
	标准差	1.836 38	1.855 48	1.784 03	2.030 30	1.816 77	1.838 98
高相似、弱强、高首因、高近因	均值	4.588 2	4.426 5	4.941 2	4.698 5	5.058 8	2.303 9
	N	34	34	34	34	34	34
	标准差	0.953 67	0.985 75	0.850 71	1.571 26	1.052 40	0.869 88
高相似、强弱、高首因、高近因	均值	4.688 9	4.550 0	4.016 7	4.766 7	5.133 3	5.200 0
	N	30	30	30	30	30	30
	标准差	0.726 79	0.699 14	0.564 52	1.330 89	0.664 36	0.345 75
低相似、弱强、高首因、高近因	均值	4.892 5	4.741 9	4.129 0	4.741 9	5.021 5	1.989 2
	N	31	31	31	31	31	31
	标准差	0.742 30	0.717 30	0.499 46	1.139 23	0.655 10	0.349 43
低相似、强弱、高首因、高近因	均值	4.959 6	4.787 9	4.151 5	4.598 5	5.090 9	5.798 0
	N	33	33	33	33	33	33
	标准差	0.767 20	0.707 44	0.522 69	1.162 47	0.662 87	0.275 62
总计	均值	4.823 8	4.439 0	4.685 6	4.346 2	4.847 3	4.151 8
	N	369	369	369	369	369	369
	标准差	1.378 31	1.575 44	1.540 25	1.665 84	1.419 29	1.771 99

表 8-9　正式实验变量描述（2）

类型		近因赞助态度均值	近因效应均值	跟随定位均值	跟评均值
低相似、强弱、低首因、高近因	均值	4.816 7	4.008 3	3.766 7	4.888 9
	N	30	30	30	30
	标准差	1.976 08	1.973 40	1.104 33	1.571 62
低相似、强弱、高首因、低近因	均值	4.233 3	3.458 3	4.133 3	4.155 6
	N	30	30	30	30
	标准差	1.837 04	1.855 89	1.245 22	1.831 47
低相似、弱强、低首因、高近因	均值	4.533 3	4.933 3	4.450 0	4.288 9
	N	30	30	30	30
	标准差	0.927 86	1.519 89	1.713 79	1.660 29
低相似、弱强、高首因、低近因	均值	4.833 3	4.041 7	4.200 0	5.255 6
	N	30	30	30	30
	标准差	1.890 69	1.996 85	1.047 16	1.372 09
高相似、强弱、低首因、高近因	均值	4.150 0	4.291 7	4.650 0	3.666 7
	N	30	30	30	30
	标准差	2.009 25	1.975 15	0.744 52	2.047 33
高相似、强弱、高首因、低近因	均值	4.650 0	3.333 3	5.450 0	3.755 6
	N	30	30	30	30
	标准差	1.961 48	1.875 81	1.275 43	1.817 19
高相似、弱强、低首因、高近因	均值	4.161 3	4.411 3	4.000 0	4.397 8
	N	31	31	31	31
	标准差	1.422 36	1.993 27	1.211 06	1.722 23
高相似、弱强、高首因、低近因	均值	4.566 7	3.808 3	4.466 7	3.500 0
	N	30	30	30	30
	标准差	1.855 71	1.986 68	1.306 04	1.999 52
高相似、弱强、高首因、高近因	均值	4.294 1	5.139 7	5.235 3	3.970 6
	N	34	34	34	34
	标准差	1.219 27	1.454 08	0.676 84	1.388 67

类型		近因赞助态度均值	近因效应均值	跟随定位均值	跟评均值
高相似、强弱、高首因、高近因	均值	4.550 0	5.541 7	5.200 0	3.922 2
	N	30	30	30	30
	标准差	0.802 47	0.748 80	0.566 29	1.352 40
低相似、弱强、高首因、高近因	均值	4.661 3	5.604 8	2.338 7	3.419 4
	N	31	31	31	31
	标准差	0.237 60	0.168 01	0.454 37	1.712 63
低相似、强弱、高首因、高近因	均值	4.636 4	5.598 5	2.333 3	3.090 9
	N	33	33	33	33
	标准差	0.226 13	0.176 11	0.462 11	1.830 06
总计	均值	4.773 7	4.532 5	4.176 2	4.017 2
	N	369	369	369	369
	标准差	1.687 43	1.778 77	1.421 93	1.780 87

8.6.4 操控检验

第一是首因赞助匹配检验。数据分析发现，首因赞助匹配在不同类型间不存在显著差异（$M_{低相似、强弱、低首因、高近因}=4.57$，$M_{低相似、强弱、高首因、低近因}=5.34$，$M_{低相似、弱强、低首因、高近因}=5.05$，$M_{低相似、弱强、高首因、低近因}=4.57$，$M_{高相似、强弱、低首因、高近因}=4.53$，$M_{高相似、强弱、高首因、低近因}=5.18$，$M_{高相似、弱强、低首因、高近因}=5.09$，$M_{高相似、弱强、高首因、低近因}=4.38$，$M_{高相似、强弱、高首因、高近因}=4.58$，$M_{高相似、强弱、高首因、高近因}=4.68$，$M_{低相似、弱强、高首因、高近因}=4.89$，$M_{低相似、强弱、高首因、高近因}=4.95$；$F(11,357)=1.510$，$p=0.126>0.05$）。因此，首因赞助匹配操控成功。

第二是检验近因赞助匹配。数据分析发现，近因赞助匹配在不同类型间不存在显著差异（$M_{低相似、强弱、低首因、高近因}=4.07$，$M_{低相似、强弱、高首因、低近因}=5.07$，$M_{低相似、弱强、低首因、高近因}=4.92$，$M_{低相似、弱强、高首因、低近因}=4.94$，$M_{高相似、强弱、低首因、高近因}=4.26$，$M_{高相似、强弱、高首因、低近因}=5.15$，$M_{高相似、弱强、低首因、高近因}=4.87$，$M_{高相似、弱强、高首因、低近因}=4.48$，$M_{高相似、强弱、高首因、高近因}=5.05$，$M_{高相似、强弱、高首因、高近因}=5.13$，$M_{低相似、弱强、高首因、高近因}=5.02$，$M_{低相似、强弱、高首因、高近因}=5.09$；$F(11,357)=$

2.024，$p=0.055>0.05$）。因此，近因赞助匹配操控成功。

第三是对首因赞助态度的检验。数据分析发现，首因赞助态度在不同类型间不存在显著差异（$M_{低相似、强弱、低首因、高近因}=4.71$，$M_{低相似、强弱、高首因、低近因}=4.00$，$M_{低相似、弱强、低首因、高近因}=4.45$，$M_{低相似、弱强、高首因、低近因}=4.83$，$M_{高相似、强弱、低首因、高近因}=4.23$，$M_{高相似、强弱、高首因、低近因}=4.70$，$M_{高相似、弱强、低首因、高近因}=4.11$，$M_{高相似、弱强、高首因、低近因}=4.71$，$M_{高相似、弱强、高首因、高近因}=4.42$，$M_{高相似、强弱、高首因、高近因}=4.55$，$M_{低相似、弱强、高首因、高近因}=4.74$，$M_{低相似、强弱、高首因、高近因}=4.78$；$F(11,357)=4.589$，$p=0.225>0.05$）。因此，首因赞助态度操控成功。

第四是对近因赞助态度的检验。数据分析发现，近因赞助态度在不同类型间不存在显著差异（$M_{低相似、强弱、低首因、高近因}=4.81$，$M_{低相似、强弱、高首因、低近因}=4.23$，$M_{低相似、弱强、低首因、高近因}=4.53$，$M_{低相似、弱强、高首因、低近因}=4.83$，$M_{高相似、强弱、低首因、高近因}=4.15$，$M_{高相似、强弱、高首因、低近因}=4.65$，$M_{高相似、弱强、低首因、高近因}=4.16$，$M_{高相似、弱强、高首因、低近因}=4.56$，$M_{高相似、弱强、高首因、高近因}=4.29$，$M_{高相似、强弱、高首因、高近因}=4.55$，$M_{低相似、弱强、高首因、高近因}=4.66$，$M_{低相似、强弱、高首因、高近因}=4.63$；$F(11,357)=10.054$，$p=0.070>0.05$）。因此，近因赞助态度操控成功。

第五是对赞助涉入度的检验。由于首因效应与近因效应刺激物均是网球用品品牌赞助网球赛事，所以赞助涉入度只用测量一次。数据分析发现，赞助涉入度在不同类型间不存在显著差异（$M_{低相似、强弱、低首因、高近因}=4.03$，$M_{低相似、弱强、高首因、低近因}=4.46$，$M_{低相似、弱强、低首因、高近因}=4.91$，$M_{高相似、强弱、低首因、高近因}=4.16$，$M_{高相似、弱强、低首因、高近因}=4.26$，$M_{高相似、弱强、高首因、低近因}=4.53$，$M_{高相似、强弱、高首因、低近因}=4.29$，$M_{高相似、弱强、高首因、低近因}=4.20$，$M_{高相似、弱强、高首因、高近因}=4.94$，$M_{高相似、强弱、高首因、高近因}=4.01$，$M_{低相似、弱强、高首因、高近因}=4.12$，$M_{低相似、强弱、高首因、高近因}=4.15$；$F(11,357)=2.699$，$p=0.092>0.05$）。因此，赞助涉入度操控成功。

第六是对强弱类型品牌关系的检验。数据分析发现，强弱类型品牌关系在不同类型间存在显著差异（$M_{强弱品牌关系}=5.16$，$M_{弱强品牌关系}=3.15$；$F(1,367)=177.004$，$p=0.000<0.05$）。因此，非对称品牌关系操控成功。

第七是对跟随定位的检验。数据分析发现，高相似定位与低相似定位在不同类型间存在显著差异（$M_{高相似}=4.83$，$M_{低相似}=3.51$；$F(1，367)=102.498$，$p=0.000<0.05$）。因此，跟随定位操控成功。

第八是对首因效应的检验。数据分析发现，首因效应在不同类型间存在显著差异（$M_{高首因}=4.57$，$M_{低首因}=3.87$；$F(1，367)=15.019$，$p=0.000<0.05$）。因此首因效应操控成功。

第九是对近因效应的检验。数据分析发现，近因效应在不同类型间存在显著差异（$M_{高近因}=4.96$，$M_{低近因}=3.67$；$F(1，367)=48.169$，$p=0.000<0.05$）。因此近因效应操控成功。

8.6.5　假设检验

假设 H1 推测，与低首因效应相比，高首因效应更能提升跟随品牌的品牌评价。单因素方差分析显示，跟随品牌的品牌评价在首因效应类型间存在显著差异，且高首因效应更能提升跟随品牌的品牌评价（$M_{高首因}=4.87$，$M_{低首因}=4.31$；$F(1，367)=4.964$，$p=0.026<0.05$）。因此，假设 H1 得到第四次验证。

假设 H2 推测，与低近因效应相比，高近因效应更能提升跟随品牌的品牌评价。单因素方差分析显示，跟随品牌的品牌评价在近因效应类型间存在显著差异，且高近因效应更能提升跟随品牌的品牌评价（$M_{高近因}=4.93$，$M_{低近因}=4.17$；$F(1，367)=1.472$，$p=0.006<0.05$）。因此，假设 H2 得到第四次验证。

假设 H3a 推测，与高首因、高近因效应相比，高首因效应更能提升跟随品牌的品牌评价。单因素方差分析显示，跟随品牌的品牌评价在高首因组评价更高且存在显著差异（$M_{高首因}=3.85$，$M_{高首因、高近因}=3.59$；$F(1，347)=1.808$，$p=0.037<0.05$）。因此，假设 H3a 得到第三次验证。

假设 H3b 推测，与高首因效应相比，高首因、低近因效应更能提升跟随品牌的品牌评价。单因素方差分析显示，跟随品牌的品牌评价在高首因、低近因组评价更高且存在显著差异（$M_{高首因}=3.87$，$M_{高首因、低近因}=4.17$；$F(1，368)=2.222$，$p=0.047<0.05$）。因此，假设 H3b 得到第三次验证。

假设 H3c 推测，与高首因、低近因效应相比，低首因、高近因效应更能提升赞助跟随对跟随品牌的品牌评价。单因素方差分析显示，跟随品牌的品牌评价在低首因、高近因组评价更高且存在显著差异（$M_{高首因、低近因}=4.17$，$M_{低首因、高近因}=4.91$；$F(1，240)=0.329$，$p=0.007<0.05$）。因此，假设

H3c 得到第三次验证。

假设 H4a 推测，在强-弱联想型的非对称关系情况下，与低首因效应相比，高首因效应更能提升跟随品牌的品牌评价。单因素方差分析显示，在强-弱联想型的非对称关系情况下，与低首因效应相比，跟随品牌的品牌评价在高首因组评价更高且存在显著差异（$M_{高首因}=4.71$，$M_{低首因}=3.27$；F（1，181）$=3.920$，$p=0.049<0.05$）。因此，假设 H4a 得到第二次验证。

假设 H4b 推测，在弱-强联想型的非对称关系情况下，与低首因效应相比，高首因效应不会显著提升跟随品牌的品牌评价。单因素方差分析显示，在弱-强联想型的非对称关系情况下，高首因效应不会显著提升跟随品牌的品牌评价（$M_{高首因}=4.03$，$M_{低首因}=4.34$；F（1，185）$=1.288$，$p=0.258>0.05$）。因此，假设 H4b 得到第二次验证。

假设 H4c 推测，在强-弱联想型的非对称关系情况下，与低近因效应相比，高近因效应不能显著提升跟随品牌的品牌评价。单因素方差分析显示，在强-弱联想型的非对称关系情况下，高近因效应与低近因效应对跟随品牌的品牌评价没有显著影响（$M_{强弱、高近因}=3.87$，$M_{强弱、低首因}=3.95$；F（1，181）$=0.083$，$p=0.773>0.05$）。因此，假设 H4c 得到第二次验证。

假设 H4d 推测，在弱-强联想型的非对称关系情况下，与低近因效应相比，高近因效应更能提升跟随品牌的品牌评价。单因素方差分析显示，在弱-强联想型的非对称关系情况下，与低近因效应相比，高近因效应更能提升跟随品牌的品牌评价（$M_{弱强、高近因}=4.91$，$M_{弱强、低近因}=4.37$；F（1，184）$=1.764$，$p=0.006<0.05$）。因此，假设 H4d 得到第二次验证。

假设 H5a 推测，在跟随品牌采取高相似定位的情况下，与低首因效应相比，高首因效应更能提升跟随品牌的品牌评价。单因素方差分析显示，在跟随品牌采取高相似定位的情况下，与低首因效应相比，高首因效应更能提升跟随品牌的品牌评价（$M_{高相似、高首因}=3.98$，$M_{高相似、低首因}=3.65$；F（1，183）$=1.516$，$p=0.020<0.05$）。因此，假设 H5a 成立。

假设 H5b 推测，在跟随品牌采取低相似定位的情况下，与高首因效应相比，低首因效应更能提升跟随品牌的品牌评价。单因素方差分析显示，在跟随品牌采取低相似定位的情况下，与高首因效应相比，低首因效应更能提升跟随品牌的品牌评价（$M_{低相似、高首因}=4.00$，$M_{低相似、低首因}=4.58$；F（1，183）$=1.516$，$p=0.002<0.05$）。因此，假设 H5b 成立。

8.7 小结

本小节着重介绍了本章的研究设计，包括实验组设计、前测实验、正式实验，描述了实证研究的过程。

首先是实验组设计。本章节主要探讨跟随定位的调节作用，采用实验法检验假设。根据研究假设，本章节采用了 2（首因效应：高 vs 低）X2（近因效应：高 vs 低）X2（非对称品牌关系：强-弱联想型 vs 弱-强联想型）X2（跟随定位：高 vs 低）的实验设计。考虑到低首因、低近因组没有现实意义，且假设组中没有关于低首因、低近因的假设，因此，在16个实验组的基础上，剔除了 2（非对称品牌关系：强-弱联想型 vs 弱-强联想型）X2（跟随定位：高 vs 低）X（低首因、低近因）4 个实验组。因此，本实验最终确定12个实验组。

其次是前测实验。本书通过前测实验检查各变量是否操控成功。本书共邀请83人参与前测实验，分为4组。其中，低相似、强弱、低首因、高近因21人，低相似、强弱、高首因、低近因20人，高相似、弱强、低首因、高近因20人，高相似、弱强、高首因、低近因22人。结果显示，刺激物被设计成功。

最后是正式实验。正式调查部分描述了数据的基本特征，包括样本描述、变量描述、量表信度和操控检验。分析结果显示，量表信度和变量操控均符合要求。本章第四次验证了假设 H1 与 H2，第三次验证了假设 H3a、H3b、H3c，第二次验证了假设 H4a、H4b、H4c、H4d，首次验证了假设 H5a 和 H5b。

第 9 章　研究 6：同化效应与对比效应的中介作用

9.1　研究假设

同化效应指消费者对于特定事物的态度不自觉地偏向于其他事物，尤其是在两种事物相似的情况下。通过同化效应，消费者可能会将比较对象与标准混淆，进而将对比较对象的评价向比较标准的评价靠拢。在赞助跟随的过程中，通过同化效应，消费者会将跟随品牌的评价向竞争品牌的评价靠拢。因此，同化效应在赞助跟随过程中起到中介作用（Pieters R，Koelemeijer K and Roest H，1995）。同理，对比效应指的是对某一刺激的知觉和判断背离或远离背景信息的情况。对比效应通常会造成消费者对比较对象的评价偏离被比较对象的标准（Horen Femke Van and Pieters Rik，2012）。在赞助跟随的过程中，通过对比效应跟随品牌的评价会与竞争品牌的评价背离。因此，对比效应在赞助跟随过程中起到中介作用。由此，本书提出假设 H6a、H6b、H6c 和 H6d。

H6a：在首因效应影响跟随品牌的品牌评价过程中，同化效应起到中介作用。

H6b：在首因效应影响跟随品牌的品牌评价过程中，对比效应起到中介作用。

H6c：在近因效应影响跟随品牌的品牌评价过程中，同化效应起到中介作用。

H6d：在近因效应影响跟随品牌的品牌评价过程中，对比效应起到中介作用。

9.2　调查设计

本章采用调查法验证同化效应与对比效应的中介作用，其原因主要有以下四点：

1. 对于研究 1 到研究 5 的假设验证，本书均采用实验法以拓宽本书的外部效度；研究 6 采用调查法，对研究 1 到研究 5 的假设再次进行验证。

2. 对于研究 1 到研究 5 的假设验证，本书均采用虚拟品牌。在调查法中，所有刺激物均是真实品牌与真实赞助事件，因此能够拓宽外部效度。

3. 对于研究 1 到研究 5 的假设验证，本书均采用体育品牌赞助体育赛事为刺激物；为了拓宽外部效度，研究 6 中采用的刺激物为一般品牌赞助娱乐节目。

4. 研究 1 到研究 5 采用的均是学生样本；研究 6 运用调查法，将调查问卷均经网络向样本发放。被试的样本来源完全随机，不受到人口统计学因素影响，因此拓宽了外部效度。

根据研究假设，本章节采用了 2（首因效应：高 vs 低）X2（近因效应：高 vs 低）X2（非对称品牌关系：强-弱联想型 vs 弱-强联想型）X2（跟随定位：高 vs 低）的调查设计。考虑到低首因、低近因组没有现实意义，且假设组中没有关于低首因、低近因的假设，因此，在 16 个实验组的基础上，剔除了 2（非对称品牌关系：强-弱联想型 vs 弱-强联想型）X2（跟随定位：高 vs 低）X（低首因、低近因）4 个调查组。因此，本实验最终确定 12 个调查组。

首先是刺激物的设计。对于首因效应与近因效应的设计，要注意以下六点：

1. 赞助事件代表性：赞助事件代表性越高，其给消费者造成的印象越深刻，越会形成高的首因效应或近因效应（Biswas, et al., 2010）。因此，在刺激物设计中，对于高的首因效应刺激物的设计，应选择较具有代表性的娱乐节目或事件。

2. 出乎意料性（unexpected）：有研究表明，越是超乎消费者的想象和理解的事件，越容易让消费者留下深刻印象，越容易让消费者形成高的首因效应或近因效应（Dennis and Ahn, 2001）。因此，在刺激物设计中，对于高的首因效应或近因效应的刺激物设计，应增强该赞助事件的出乎意料性。

3. 赞助事件影响力：研究表明，赞助对象影响力越强，越容易加深消费者对赞助事件印象，并形成高首因或近因效应（Smith, 2010）。因此，在刺激物设计中，对于高首因效应或近因效应刺激物设计，应增强其赞助对象影响力；对于低首因或近因效应刺激物设计，应降低其赞助对象影响力。

4. 时间间隔：有学者发现，时间间隔能够直接影响首因效应在消费者心中的强弱，当时间间隔越长，首因事件在消费者心目中留下的印象越模糊，印象越不强烈，首因效应越弱；时间间隔越短，首因事件在消费者心中留下的印象越强烈，首因效应越强。一般而言，人的记忆以 15 天为一个周期（Zaharia, et al., 2015），一个记忆周期内发生的事件容易形成高首因。据此，本书将高首因的时间间隔设置为 15 天（半个月），低首因的时间间隔设置为三个月。

5. 细节描述：刺激物描写得越详细，对细节的描述越细致，消费者越有可能形成较深刻的印象，并形成高的首因或近因效应；对细节的描写越笼统，甚至不对细节进行描述；越不容易在消费者心目中留下深刻印象，其首因效应或近因效应也就越淡漠（Martin, et al., 2016）。因此，在刺激物中，高的首因效应或近因效应刺激物的设计，应对赞助细节进行描述；反之则进行笼统的描述。

6. 叙事结构：当刺激物为 A＋B 的叙事形式时，A 段叙事完成，马上请被试评价 A，评价完成后，再对 B 进行叙述并评价，这时呈现的是较强的首因效应（被试对 A 印象较为深刻）；在 A＋B 叙事完成后，再统一问 A、B 的印象，这时呈现的更多的是近因效应（被试对 B 印象较为深刻）（Wang and Shukla, 2013）。因此，在刺激物设计中；当试图呈现高首因效应效应时，刺激物呈现形式均为叙事 A—问题 A—叙事 B—问题 B；当试图呈现高近因效应时，刺激物呈现形式均为叙事 A—叙事 B—问题 A—问题 B。

对于非对称品牌关系的刺激物设计，主要注意以下两点：

1. 行业代表性：对于非对称品牌关系中"强"的一方，为了保证其较容易出现在消费者的思考集当中，应增强其行业代表性。当被试接收到该行业中其他品牌的信息时，一般会比较容易联想到同行业的代表品牌（Valta and Katharina S, 2013）。

2. 品牌相似性：增强刺激物中竞争品牌与跟随品牌的品牌相似性可以使被试更容易将两品牌联系在一起，进而形成联想溢出。

对于高低相似跟随定位刺激物的设计，主要注意赞助事件涉及三大主体，即赞助方、被赞助方、消费者。由于在首因效应以及近因效应刺激物的设计中，赞助方、被赞助方、消费者已确定，因此，对于高低跟随定位的设计，只能从联通三者关系的赞助沟通入手。对于高跟随定位，强调其高相似的赞助沟通方式；对于低跟随定位，强调其低相似的赞助沟通方式。

具体而言，刺激物设计信息如下：

1. 高首因效应刺激物。根据多个现实赞助案例改编而成，考虑到赞助匹配程度、赞助态度、赞助事件涉入度等因素，最终选择的赞助事件为洗涤用品品牌赞助某歌手选秀节目，具体为"A 品牌（B 品牌）对某歌手选秀节目进行赞助。某歌手选秀节目是中国某地方卫视从韩国引进推出的歌唱真人秀节目，由著名导演团队打造。节目每期邀请 7 位已经成名的歌手进行竞赛"。

2. 低首因效应刺激物。根据多个现实赞助案例改编而成，考虑到赞助匹配程度、赞助态度、赞助事件涉入度等因素，最终选择的赞助事件为洗涤用品品牌赞助某歌唱比赛，具体为"A 品牌（B 品牌）赞助了由中国某地方卫视制作并播出的某歌唱比赛。每期节目由歌手组队 PK。两队歌手以年代经典音乐为基础，进行歌曲改编 PK，由观众投票选择胜出者"。

3. 高低近因效应刺激物。与高低首因效应刺激物相同，需要说明的是，当出现高首因、高近因组时，高近因组的赞助对象为"下一届某歌手选秀节目"，其余部分描述相同。

4. 强-弱型品牌关系。在首因效应的描述中，其刺激物品牌为 A 品牌。在近因效应的描述中，其刺激物品牌为 B 品牌。具体描述为 A 品牌是全球日化龙头 C 公司旗下著名的洗涤品牌，也是全球最大的洗衣粉品牌之一。A 品牌于 1946 年诞生于美国，是世界上第一种合成洗衣粉。A 品牌于 1995 年进入中国，十几年来不断推陈出新，平均每 14 个月就推出一项产品创新或升级。现在每天平均有超过 100 万包 A 品牌洗衣粉进入不同的中国家庭，是中国家喻户晓、最受欢迎的洗衣粉品牌之一。B 品牌是中国洗涤用品领域的新兴品牌，其洗衣液连续五年市场增长率第一。广州 B 品牌实业有限公司于 2001 年成立，是由香港 B 品牌国际集团有限公司全资控股的外商独资企业，旗下拥有个人护理、衣物护理和家居护理三大系列。最近五年，B 品牌洗涤用品发展迅速"。

5. 弱-强型品牌关系。在首因效应的描述中，其刺激物品牌为 B 品牌。在近因效应的描述中，其刺激物品牌为 A 品牌。

6. 高相似跟随定位。为了更好地对此次赞助事件进行宣传，A 品牌（B 品牌）邀请著名实力派歌唱家作为此次赞助事件的形象代言人。并且，为了扩大此次赞助行为的影响力，A 品牌（B 品牌）特地选择了各大娱乐门户网站、网络娱乐论坛、专业音乐新闻网站投放此次赞助广告，意图让更多的音乐爱好者与娱乐关注者了解此次赞助事件，扩大 A 品牌（B 品牌）的影响力。

为了扩大此次赞助行为的影响力，B 品牌（A 品牌）采取了与 A 品牌（B 品牌）相似的赞助信息发布思路。B 品牌（A 品牌）邀请实力派歌手作为此次赞助事件的形象代言人，并且在各大娱乐门户网站、网络娱乐论坛、专业音乐新闻网站投放此次赞助广告，意图让更多的音乐爱好者与娱乐关注者了解此次赞助事件，扩大 B 品牌（A 品牌）的影响力。

7. 低相似跟随定位。为了更好地对此次赞助事件进行宣传，B 品牌（A 品牌）邀请著名实力派歌唱家作为此次赞助事件的形象代言人。并且，为了扩大此次赞助行为的影响力，B 品牌（A 品牌）特地选择了各大娱乐门户网站、网络娱乐论坛、专业音乐新闻网站投放此次赞助广告，意图让更多的音乐爱好者与娱乐关注者了解此次赞助事件，扩大 B 品牌（A 品牌）的影响力。

为了扩大此次赞助行为的影响力，A 品牌（B 品牌）采取了与 B 品牌（A 品牌）不同的赞助信息发布思路。A 品牌（B 品牌）邀请当红明星作为此次赞助事件的形象代言人，并且在自身与节目的信息发布渠道如 A 品牌（B 品牌）官网、某歌唱比赛官网与 A 品牌（B 品牌）产品销售终端投放此次赞助广告，意图让更多的 A 品牌（B 品牌）消费者获知此次赞助行为，让 A 品牌（B 品牌）消费者更加喜爱与信任 A 品牌（B 品牌）。

为了更好地达成问卷效果，考虑到叙事结构对被试的首因效应和近因效应形成会造成影响，针对不同的刺激目的，本书对问卷叙事结构做了特殊安排。具体而言，对于高首因、低近因效应的问卷，其问卷的结构为高首因效应刺激物—关于高首因效应问题—低近因效应刺激物—关于低近因效应问题；对于高首因、高近因效应的问卷，其问卷的结构为高首因效应刺激物—高近因效应刺激物—关于高首因效应问题—关于高近因效应问题；对于低首因效应、高近因效应的问卷，其问卷结构为低首因效应刺激物—高近因效应刺激物—关于低首因效应问题—关于高近因效应问题；对于低首因效应、低近因效应的问卷，其问卷结构为低首因效应刺激物—关于低首因效应问题—低近因效应刺激物—关于低近因效应问题。

9.3 调查程序

调查问卷均经网络向样本发放。被试的样本来源完全随机，不受到人口统计学因素影响，故可认为样本来源符合选取要求。调查程序如下：首先进行预调查，验证刺激物的有效性；然后进行正式调查，以检验研究假设。正式文本包括以下部分：

第一，首因效应以及近因效应等刺激物描述；

第二，变量测量；

第三，人口统计特征题项。

9.4　变量测量

本书采用 7 分 Likert 量表（最小分值为 1 分，最大分值为 7 分，分值越高表示越同意）对刺激物进行了变量测量。第一是对赞助匹配的测量，参考 Zaharia 等（2015）的研究，题项为"作为洗涤用品品牌，我认为 A 品牌（B 品牌）赞助某歌手选秀节目（某歌唱比赛）是很正常的""作为洗涤用品品牌，我认为 A 品牌（B 品牌）赞助某歌手选秀节目（某歌唱比赛）是合适的""作为洗涤用品品牌，我认为 A 品牌（B 品牌）赞助某歌手选秀节目（某歌唱比赛）是有道理的"。第二是对赞助事件涉入度的测量，参考刘英等（2014）的研究，测量题项包括"我经常观看娱乐节目"和"我对娱乐节目很熟悉"。第三是对赞助态度的测量，主要参考杨洋等（2015）的研究，题项包括"我认同 A 品牌（B 品牌）对某歌手选秀节目（某歌唱比赛）的赞助行为"和"我支持 A 品牌（B 品牌）对某歌手选秀节目（某歌唱比赛）的赞助行为"。第四是对于首因效应高低程度的测量，参考 Noguchi 等（2014）以及 Reed 和 Morgan（2006）的研究，从事件回想和事件识别两个维度来测量，测量题项分别为"我觉得 A 品牌（B 品牌）对某歌手选秀节目（某歌唱比赛）的赞助事件令人印象深刻""我认为 A 品牌（B 品牌）对某歌手选秀节目（某歌唱比赛）的赞助事件令人难以忘却"和"我认为在众多的赛事赞助事件当中，A 品牌（B 品牌）对某歌手选秀节目（某歌唱比赛）进行赞助是比较独特的""我认为 A 品牌（B 品牌）对某歌手选秀节目（某歌唱比赛）进行赞助是一件独一无二的事件"。第五是甄别项的设置，测量题项为"A 品牌（B 品牌）是个洗涤用品品牌"。第六是对被试情绪的考察，题项分别为"我现在心情不错"和"我很高兴能参加此次调查"。第七是对非对称品牌关系的测量，参考 Lei（2013）的研究，测量题项为"我认为 A 品牌（B 品牌）代表性较强""当我接触到有关 A 品牌（B 品牌）的信息时，我很容易联想到 B 品牌（A 品牌）"和"当我接触到有关 A 品牌（B 品牌）的信息时，我会情不自禁地想到 B 品牌（A 品牌）的相关信息"。第八是对跟随定位的测量，参考 Roberts 和 Dowling（2000）的研究，跟随定位的测量题项为"A 品牌（B 品牌）的赞助行为与 B 品牌（A 品牌）的赞助行为相似""A 品牌（B 品牌）的赞助行为让我联想到 B 品牌（A 品牌）的赞助行为"。第九是关于同化效应的测量，参考 Pieters（1995）的研究，测量题项为"我很关注两起赞助事件的相似之处""我会依据 B 品牌（A 品牌）赞助事件与 A 品牌（B 品牌）赞助事件的相似之处，对 A 品牌（B 品牌）做出评价""经过这两次赞助事件，我对 A 品牌（B 品牌）的评价会偏向于我对 B 品牌（A 品牌）的评价"。第十是关于对比效应的测量，参考 Horen（2012）的研究，测量题项为"我很关注两起赞助事件的差异之处""我会依据 B 品牌（A 品牌）赞助事件与 A 品牌（B 品牌）赞助事件的差异之处，对 A 品牌（B 品牌）做出评价""经过这两次赞助事件，我对 A 品牌（B 品牌）的评价会与我对 B 品牌（A 品牌）的评价相反"。最后是对跟随品牌的品牌评价的考察，参考徐玖平和朱洪军（2008）、Smith（2010）的研究，测量题项包括"经过这次赞助事件，我感觉 A 品牌（B 品牌）更不错了""经过这次赞助事件，我更喜欢 A 品牌（B 品牌）了"和"经过这次赞助事件，对我而言，A 品牌（B 品牌）更具有吸引力了"。对于近因效应相关控制变量的测量，与首因效应控制变量的测量相同。

9.5　预调查

9.5.1　预调查样本

本书共邀请 80 人参与预调查，分为 4 组。其中，低相似、强弱、低首因·高近因 20 人，低相似、强弱、高首因、低近因 20 人，高相似、弱强、低首因、高近因 20 人，高相似、弱强、高首因、低近因 20 人。其中，男性 50 人，女性 30 人，并且性别没有对其他变量认识造成显著影响，如表 9-1 所示。

表 9-1　预调查样本性别分布

观察值		频率	百分比	有效百分比	累积百分比
有效	男性	50	62.5	62.5	62.5
	女性	30	37.5	37.5	100.0
	合计	80	100.0	100.0	-

　　由于本调查首因与近因效应刺激物均是洗涤用品品牌赞助娱乐节目，为了检验性别是否会显著影响研究变量和操控变量，赞助涉入度只测量了一次。本书采取单因素方差分析进行检验，结果显示，性别差异没有对各变量造成显著影响（$p > 0.05$），如表 9-2 及表 9-3 所示。

表 9-2　性别对各变量单因素方差分析

变量		平方和	df	均方	F	显著性
首因赞助匹配均值	组间	9.961	1	9.961	3.916	0.051
	组内	198.394	78	2.544	-	-
	总数	208.356	79	-	-	-
首因赞助态度均值	组间	5.267	1	5.267	1.371	0.245
	组内	299.705	78	3.842	-	-
	总数	304.972	79	-	-	-
赞助事件涉入度均值	组间	0.630	1	0.630	0.239	0.626
	组内	205.342	78	2.633	-	-
	总数	205.972	79	-	-	-
首因效应均值	组间	1.095	1	1.095	0.329	0.568
	组内	259.585	78	3.328	-	-
	总数	260.680	79	-	-	-
近因赞助匹配均值	组间	8.333	1	8.333	3.071	0.084
	组内	211.689	78	2.714	-	-
	总数	220.022	79	-	-	-

表 9-3 性别对各变量单因素方差分析

变量		平方和	df	均方	F	显著性
近因赞助态度均值	组间	10.547	1	10.547	3.594	0.062
	组内	228.875	78	2.934	-	-
	总数	239.422	79	-	-	-
非对称品牌关系均值	组间	4.984	1	4.984	1.563	0.215
	组内	248.705	78	3.189	-	-
	总数	253.689	79	-	-	-
近因效应均值	组间	2.950	1	2.950	0.856	0.358
	组内	268.897	78	3.447	-	-
	总数	271.847	79	-	-	-
跟随定位均值	组间	0.317	1	0.317	0.209	0.649
	组内	118.155	78	1.515	-	-
	总数	118.472	79	-	-	-
同化效应均值	组间	1.841	1	1.841	0.946	0.334
	组内	151.824	78	1.946	-	-
	总数	153.665	79	-	-	-
对比效应均值	组间	0.379	1	0.379	0.196	0.659
	组内	151.087	78	1.937	-	-
	总数	151.467	79	-	-	-

对预调查样本的学历进行分析显示，高中及以下有 8 人，大专有 29 人，本科有 34 人，硕士及以上 9 人。本书采取单因素方差分析进行检验，结果显示，学历差异没有对各变量造成显著影响（$p > 0.05$），如表 9-4、表 9-5 及表 9-6 所示。

表 9-4 预调查样本学历分布

观察值		频率	百分比	有效百分比	累积百分比
有效	高中及以下	8	10.0	10.0	10.0
	大专	29	36.3	36.3	46.3
	本科	34	42.5	42.5	88.8
	硕士及以上	9	11.3	11.3	100.0
	合计	80	100.0	100.0	-

表 9-5 预调查样本学历对各变量的单因素方差分析 (1)

变量		平方和	df	均方	F	显著性
首因赞助匹配均值	组间	2.602	3	0.867	0.320	0.811
	组内	205.754	76	2.707	-	-
	总数	208.356	79	-	-	-
首因赞助态度均值	组间	11.964	3	3.988	1.034	0.382
	组内	293.007	76	3.855	-	-
	总数	304.972	79	-	-	-
赞助事件涉入度均值	组间	1.588	3	0.529	0.197	0.898
	组内	204.384	76	2.689	-	-
	总数	205.972	79	-	-	-
首因效应均值	组间	8.063	3	2.688	0.809	0.493
	组内	252.618	76	3.324	-	-
	总数	260.680	79	-	-	-
近因赞助匹配均值	组间	8.490	3	2.830	1.017	0.390
	组内	211.533	76	2.783	-	-
	总数	220.022	79	-	-	-

表 9-6 预调查样本学历对各变量的单因素方差分析 (2)

变量		平方和	df	均方	F	显著性
近因赞助态度均值	组间	1.336	3	0.445	0.142	0.934
	组内	238.086	76	3.133	-	-
	总数	239.422	79			
非对称品牌关系均值	组间	19.228	3	6.409	2.078	0.110
	组内	234.461	76	3.085	-	-
	总数	253.689	79	-		-
近因效应均值	组间	21.703	3	7.234	2.198	0.095
	组内	250.144	76	3.291	-	-
	总数	271.847	79	-		-
跟随定位均值	组间	13.999	3.	4.666	3.395	0.062
	组内	104.473	76	1.375	-	-
	总数	118.472	79	-	-	-

续表

变量		平方和	df	均方	F	显著性
同化效应均值	组间	3.171	3	1.057	0.534	0.661
	组内	150.495	76	1.980	-	-
	总数	153.665	79	-	-	-
对比效应均值	组间	5.070	3	1.690	0.877	0.457
	组内	146.397	76	1.926	-	-
	总数	151.467	79	-	-	-

9.5.2　预调查测量质量

测项信度分析显示，首因赞助匹配的信度为 0.888，首因赞助态度的信度为 0.809，赞助事件涉入度信度为 0.822，首因效应的信度为 0.804；近因赞助匹配的信度为 0.788，近因赞助态度的信度为 0.798，非对称品牌关系的信度为 0.824，近因效应的信度为 0.847，跟随定位的信度为 0.841，同化效应信度值为 0.799，对比效应信度值为 0.858，跟随品牌赞助评价的信度为 0.888，同化效应信度值为 0.759，对比效应信度值为 0.788，整体量表信度为 0.845。预调查表明，本研究信度较高。由于本书量表均参考前人的成熟量表，因此，量表效度有保障。

9.5.3　预调查变量描述

按照低相似、强弱、低首因、高近因，低相似、强弱、高首因、低近因，高相似、弱强、低首因、高近因，高相似、弱强、高首因、低近因组分类，对调查各变量均值与标准差进行测量，结果见下表。

表 9-7　预调查变量描述（1）

类型		首因赞助匹配均值	首因赞助态度均值	赞助事件涉入度均值	首因效应均值	近因赞助匹配均值	跟随品牌赞助评价均值
低相似、强弱、低首因、高近因	均值	4.883 3	4.525 0	4.525 0	3.862 5	4.466 7	4.550 0
	N	20	20	20	20	20	20
	标准差	1.651 78	1.895 11	1.689 56	2.004 07	1.765 16	1.895 75
低相似、强弱、高首因、低近因	均值	4.716 7	4.675 0	4.825 0	4.737 5	4.616 7	4.350 0
	N	20	20	20	20	20	20
	标准差	1.710 90	1.042 20	1.664 45	1.615 05	1.655 31	1.998 46

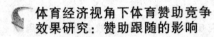
续表

类型		首因赞助匹配均值	首因赞助态度均值	赞助事件涉入度均值	首因效应均值	近因赞助匹配均值	跟随品牌赞助评价均值
高相似、弱强、低首因、高近因	均值	4.766 7	4.725 0	4.650 0	2.962 5	4.750 0	4.433 3
	N	20	20	20	20	20	20
	标准差	1.864 10	1.895 11	1.843 20	1.614 64	1.760 10	1.994 44
高相似、弱强、高首因、低近因	均值	5.100 0	4.400 0	4.675 0	4.475 0	4.366 7	4.366 7
	N	20	20	20	20	20	20
	标准差	1.320 55	1.766 65	1.330 56	1.589 23	1.592 75	1.614 63
总计	均值	4.866 7	4.331 2	4.668 7	4.009 4	4.550 0	4.425 0
	N	80	80	80	80	80	80
	标准差	1.624 01	1.964 79	1.614 69	1.816 52	1.668 86	1.847 93

表 9-8 预调查变量描述 (2)

类型		同化效应均值	对比效应均值	近因赞助态度均值	非对称品牌关系均值	近因效应均值	跟随定位均值
低相似、强弱、低首因、高近因	均值	4.650 0	4.550 0	4.300 0	4.450 0	4.312 5	4.675 0
	N	20	20	20	20	20	20
	标准差	1.708 17	1.612 36	1.880 65	1.761 43	1.844 04	1.150 23
低相似、强弱、高首因、低近因	均值	4.333 3	4.333 3	4.075 0	4.733 3	4.087 5	4.250 0
	N	20	20	20	20	20	20
	标准差	1.640 14	0.878 60	1.815 68	1.539 35	1.945 43	1.352 39
高相似、弱强、低首因、高近因	均值	5.783 3	2.616 7	4.525 0	3.116 7	3.962 5	5.225 0
	N	20	20	20	20	20	20
	标准差	0.311 10	0.735 68	1.780 56	1.883 37	2.127 94	0.865 65
高相似、弱强、高首因、低近因	均值	4.716 7	3.300 0	4.225 0	4.500 0	4.312 5	4.525 0
	N	20	20	20	20	20	20
	标准差	1.061 14	1.213 47	1.576 76	1.624 02	1.580 88	1.342 38
总计	均值	4.870 8	3.700 0	4.281 2	4.200 0	4.168 8	4.668 7
	N	80	80	80	80	80	80
	标准差	1.394 68	1.384 67	1.740 88	1.792 00	1.855 02	1.224 60

9.5.4　预调查结果

第一是首因赞助匹配检验。数据分析发现，首因赞助匹配在不同类型间不存在显著差异（$M_{低相似、强弱、低首因、高近因}=4.88$，$M_{低相似、强弱、高首因、低近因}=4.71$，$M_{高相似、弱强、低首因、高近因}=4.76$，$M_{高相似、弱强、高首因、低近因}=5.10$；$F(3，76)=0.214$，$p=0.886>0.05$）。因此，首因赞助匹配操控成功。

第二是检验近因赞助匹配。数据分析发现，近因赞助匹配在不同类型间不存在显著差异（$M_{低相似、强弱、低首因、高近因}=4.46$，$M_{低相似、强弱、高首因、低近因}=4.61$，$M_{高相似、弱强、低首因、高近因}=4.75$，$M_{高相似、弱强、高首因、低近因}=4.36$；$F(3，76)=0.197$，$p=0.898>0.05$）。因此，近因赞助匹配操控成功。

第三是对首因赞助态度的检验。数据分析发现，首因赞助态度在不同类型间不存在显著差异（$M_{低相似、强弱、低首因、高近因}=4.52$，$M_{低相似、强弱、高首因、低近因}=4.67$，$M_{高相似、弱强、低首因、高近因}=4.72$，$M_{高相似、弱强、高首因、低近因}=4.40$；$F(3，76)=10.367$，$p=0.070>0.05$）。因此，首因赞助态度操控成功。

第四是对近因赞助态度的检验。数据分析发现，近因赞助态度在不同类型间不存在显著差异（$M_{强弱、高首因、低近因}=4.30$，$M_{弱强、高首因、低近因}=4.07$，$M_{强弱、低首因、高近因}=4.52$，$M_{弱强、低首因、高近因}=4.22$；$F(3，76)=0.225$，$p=0.879>0.05$）。因此，近因赞助态度操控成功。

第五是对赞助涉入度的检验。由于首因效应与近因效应刺激物均是洗涤用品品牌赞助娱乐节目，所以，赞助涉入度只用测量一次。数据分析发现，赞助涉入度在不同类型间不存在显著差异（$M_{强弱、高首因、低近因}=4.52$，$M_{弱强、高首因、低近因}=4.82$，$M_{强弱、低首因、高近因}=4.65$，$M_{弱强、低首因、高近因}=4.67$；$F(3，76)=0.112$，$p=0.953>0.05$）。因此，首因赞助涉入度操控成功。

第六是对非对称品牌关系的检验。数据分析发现，非对称品牌关系在不同类型间存在显著差异（$M_{强弱品牌关系}=4.59$，$M_{弱强品牌关系}=3.80$；$F(1，78)=3.965$，$p=0.049<0.05$）。因此，非对称品牌关系操控成功。

第七是对跟随定位的检验。数据分析发现，高相似定位与低相似定位在不同类型间存在显著差异（$M_{高相似}=4.87$，$M_{低相似}=4.46$；$F(1，78)=2.307$，$p=0.033<0.05$）。因此，跟随定位操控成功。

第八是对首因效应的检验。数据分析发现，高首因与低首因在不同类型间存在显著差异（$M_{高首因}=4.60$，$M_{低首因}=3.41$；$F(1，78)=2.307$，$p=0.003<0.05$）。因此，首因效应操控成功。

第九是对近因效应的检验。数据分析发现，近因效应在不同类型间存在显著差异（$M_{高近因}=4.63$，$M_{低近因}=4.20$；$F(1, 78)=0.022$，$p=0.041<0.05$）。因此，近因效应操控成功。

综上所述，预调查表明，刺激物设计成功，量表可靠。因此，可进行正式调研检验研究假设。

9.6 正式调查

9.6.1 正式调查样本

调查问卷均经网络向样本发放。被试的样本来源完全随机，不受到人口统计学因素影响，故可认为样本来源符合选取要求。其中，低相似、强弱、低首因、高近因组 31 人，低相似、强弱、高首因、低近因组 29 人，低相似、弱强、低首因、高近因组 31 人，低相似、弱强、高首因、低近因 29 人，高相似、强弱、低首因、高近因组 32 人，高相似、强弱、高首因、低近因组 29 人，高相似、弱强、低首因、高近因组 29 人，高相似、弱强、高首因、低近因组 33 人，高相似、弱强、高首因、高近因组 34 人，高相似、强弱、高首因、高近因组 30 人，低相似、弱强、高首因、高近因组 31 人，低相似、强弱、高首因、高近因组 33 人，如表 9-9 所示。

表 9-9　调查组分布

	观察值	频率	百分比	有效百分比	累积百分比
有效	低相似、强弱、低首因、高近因	31	8.4	8.4	8.4
	低相似、强弱、高首因、低近因	29	7.8	7.8	16.2
	低相似、弱强、低首因、高近因	31	8.4	8.4	24.5
	低相似、弱强、高首因、低近因	29	7.8	7.8	32.3
	高相似、强弱、低首因、高近因	32	8.6	8.6	41.0
	高相似、强弱、高首因、低近因	29	7.8	7.8	48.8
	高相似、弱强、低首因、高近因	29	7.8	7.8	56.6
	高相似、弱强、高首因、低近因	33	8.9	8.9	65.5
	高相似、弱强、高首因、高近因	34	9.2	9.2	74.7
	高相似、强弱、高首因、高近因	30	8.1	8.1	82.7
	低相似、弱强、高首因、高近因	31	8.4	8.4	91.1
	低相似、强弱、高首因、高近因	33	8.9	8.9	100.0
	合计	371	100.0	100.0	-

其中，男性 223 人，女性 148 人。为了检验性别是否会显著影响研究变量和操控变量，本书采取单因素方差分析进行检验。结果显示，性别差异没有对各种变量造成显著影响（$p > 0.05$），如表 9-10 及表 9-11 所示。

表 9-10　正式调查样本性别分布

观察值		频率	百分比	有效百分比	累积百分比
有效	男	223	60.1	60.1	60.1
	女	148	39.9	39.9	100.0
	合计	371	100.0	100.0	–

表 9-11　性别对各变量单因素方差分析

变量		平方和	df	均方	F	显著性
近因效应均值	组间	0.126	1	0.126	0.038	0.845
	组内	1210.791	369	3.281	–	–
	总数	1210.917	370	–	–	–
跟随定位均值	组间	0.605	1	0.605	0.284	0.594
	组内	785.460	369	2.129	–	–
	总数	786.065	370	–	–	–
跟评均值	组间	26.774	1	26.774	8.161	0.065
	组内	1210.603	369	3.281	–	–
	总数	1237.377	370	–	–	–
同化效应均值	组间	6.862	1	6.862	2.756	0.098
	组内	918.848	369	2.490	–	–
	总数	925.709	370	–	–	–
对比效应均值	组间	15.545	1	15.545	7.249	0.057
	组内	791.251	369	2.144	–	–
	总数	806.795	370	–	–	–
首因赞助匹配均值	组间	2.291	1	2.291	1.013	0.315
	组内	834.106	369	2.260	–	–
	总数	836.397	370	–	–	–
首因赞助态度均值	组间	9.397	1	9.397	3.567	0.060
	组内	971.997	369	2.634	–	–
	总数	981.394	370	–	–	–

续表

变量		平方和	df	均方	F	显著性
赞助事件涉入度均值	组间	0.698	1	0.698	0.301	0.584
	组内	856.187	369	2.320	-	-
	总数	856.885	370	-	-	-
首因效应均值	组间	0.745	1	0.745	0.263	0.608
	组内	1044.933	369	2.832	-	-
	总数	1045.679	370	-	-	-
近因赞助匹配均值	组间	3.820	1	3.820	1.761	0.185
	组内	800.584	369	2.170	-	-
	总数	804.404	370	-	-	-
近因赞助态度均值	组间	2.050	1	2.050	0.636	0.426
	组内	1189.184	369	3.223	-	-
	总数	1191.233	370	-	-	-
非对称品牌关系均值	组间	4.109	1	4.109	1.250	0.264
	组内	1213.086	369	3.287	-	-
	总数	1217.195	370	-	-	-

其中，高中及以下 42 人，大专学历 141 人，本科学历 160 人，硕士及以上 28 人。为了检验学历是否会显著影响研究变量和操控变量，本书采取单因素方差分析进行检验。结果显示，学历差异没有对各种变量造成显著影响（$p > 0.05$），如表 9-12 及表 9-13 所示。

表 9-12 正式调查样本学历分布

观察值		频率	百分比	有效百分比	累积百分比
有效	高中及以下	42	11.3	11.3	11.3
	大专	141	38.0	38.0	49.3
	本科	160	43.1	43.1	92.5
	硕士及以上	28	7.5	7.5	100.0
	合计	371	100.0	100.0	-

表 9-13　学历对各变量单因素方差分析

变量		平方和	df	均方	F	显著性
近因效应均值	组间	5.797	3	1.932	0.588	0.623
	组内	1205.120	367	3.284	-	-
	总数	1210.917	370	-	-	-
跟随定位均值	组间	23.380	3	7.793	3.750	0.081
	组内	762.685	367	2.078	-	-
	总数	786.065	370	-	-	-
跟评均值	组间	9.516	3	3.172	0.948	0.417
	组内	1227.861	367	3.346	-	-
	总数	1237.377	370	-	-	-
同化效应均值	组间	1.904	3	0.635	0.252	0.860
	组内	923.805	367	2.517	-	-
	总数	925.709	370	-	-	-
对比效应均值	组间	11.635	3	3.878	1.790	0.149
	组内	795.161	367	2.167	-	-
	总数	806.795	370	-	-	-
首因赞助匹配均值	组间	2.733	3	0.911	0.401	0.752
	组内	833.664	367	2.272	-	-
	总数	836.397	370	-	-	-
首因赞助态度均值	组间	5.697	3	1.899	0.714	0.544
	组内	975.696	367	2.659	-	-
	总数	981.394	370	-	-	-
赞助事件涉入度均值	组间	3.893	3	1.298	0.558	0.643
	组内	852.993	367	2.324	-	-
	总数	856.885	370	-	-	-
首因效应均值	组间	9.757	3	3.252	1.152	0.328
	组内	1035.922	367	2.823	-	-
	总数	1045.679	370	-	-	-
近因赞助匹配均值	组间	4.243	3	1.414	0.649	0.584
	组内	800.162	367	2.180	-	-
	总数	804.404	370	-	-	-

续表

变量		平方和	df	均方	F	显著性
近因赞助态度均值	组间	3.949	3	1.316	0.407	0.748
	组内	1187.284	367	3.235	-	-
	总数	1191.233	370	-	-	-
非对称品牌关系均值	组间	29.905	3	9.968	3.081	0.057
	组内	1187.290	367	3.235	-	-
	总数	1217.195	370	-	-	-

9.6.2　测量质量

测项信度分析显示，首因赞助匹配的信度为 0.872，首因赞助态度的信度为 0.806，首因赞助事件涉入度信度为 0.804，首因效应的信度为 0.922，近因赞助匹配的信度为 0.857，近因赞助态度的信度为 0.902，近因赞助事件涉入度信度为 0.811，近因效应的信度为 0.890，非对称品牌关系信度为 0.788，同化效应信度值为 0.798，对比效应信度值为 0.800，跟随品牌赞助评价的信度为 0.788，整体量表信度为 0.811。预调查表明，本研究信度较高。由于本书量表均参考前人的成熟量表，因此，量表效度有保障。

9.6.3　变量描述

按照低相似、强弱、低首因、高近因组，低相似、强弱、高首因、低近因组，低相似、弱强、低首因、高近因组，低相似、弱强、高首因、低近因组，高相似、强弱、低首因、高近因组，高相似、强弱、高首因、低近因组，高相似、弱强、低首因、高近因组，高相似、弱强、高首因、低近因组，高相似、弱强、高首因、高近因组，高相似、强弱、高首因、高近因组，低相似、弱强、高首因、高近因组，低相似、强弱、高首因、高近因组，对实验各变量均值与标准差进行测量，结果见下表。

表 9-14　正式调查变量描述（1）

类型		首因赞助匹配均值	首因赞助态度均值	赞助事件涉入度均值	首因效应均值	近因赞助匹配均值	近因赞助态度均值
低相似、强弱、低首因、高近因	均值	4.774 2	4.838 7	4.564 5	4.241 9	4.591 4	4.693 5
	N	31	31	31	31	31	31
	标准差	1.669 75	1.733 91	1.667 04	1.914 29	1.654 87	1.851 47
低相似、强弱、高首因、低近因	均值	4.747 1	4.672 4	4.741 4	4.793 1	4.712 6	4.706 9
	N	29	29	29	29	29	29
	标准差	1.656 29	0.984 49	1.698 85	1.588 28	1.590 46	1.790 44
低相似、弱强、低首因、高近因	均值	4.849 5	4.758 1	4.935 5	3.508 1	4.129 0	4.677 4
	N	31	31	31	31	31	31
	标准差	1.688 39	2.101 07	1.926 75	1.855 72	1.431 59	1.749 04
低相似、弱强、高首因、低近因	均值	4.229 9	4.172 4	4.862 1	3.767 2	4.793 1	4.327 6
	N	29	29	29	29	29	29
	标准差	1.935 68	1.996 76	1.870 33	1.844 31	1.892 79	1.960 67
高相似、强弱、低首因、高近因	均值	4.760 4	4.015 6	4.062 5	4.375 0	4.187 5	4.984 4
	N	32	32	32	32	32	32
	标准差	1.918 10	2.088 70	1.994 95	1.898 64	1.829 54	1.890 06
高相似、强弱、高首因、低近因组、高相似	均值	4.965 5	4.103 4	4.758 6	5.215 5	4.540 2	4.879 3
	N	29	29	29	29	29	29
	标准差	1.746 53	1.447 78	1.906 85	1.360 68	0.768 50	1.911 69
高相似、弱强、低首因、高近因	均值	4.632 2	4.120 7	4.534 5	3.232 8	4.069 0	4.482 8
	N	29	29	29	29	29	29
	标准差	1.877 91	1.953 27	1.898 92	1.720 32	1.541 44	1.800 21
高相似、弱强、高首因、低近因	均值	5.141 4	4.454 5	4.833 3	4.287 9	4.737 4	4.712 1
	N	33	33	33	33	33	33
	标准差	1.354 08	1.769 37	1.544 48	1.704 91	1.598 08	1.520 85
高相似、弱强、高首因、高近因	均值	4.588 2	4.426 5	4.941 2	4.698 5	4.058 8	4.294 1
	N	34	34	34	34	34	34
	标准差	0.953 67	0.985 75	0.850 71	1.571 26	1.052 40	1.219 27

续表

类型		首因赞助匹配均值	首因赞助态度均值	赞助事件涉入度均值	首因效应均值	近因赞助匹配均值	近因赞助态度均值
高相似、强弱、高首因、高近因	均值	4.688 9	4.550 0	5.016 7	4.766 7	4.133 3	4.550 0
	N	30	30	30	30	30	30
	标准差	0.726 79	0.699 14	0.564 52	1.330 89	0.664 36	0.802 47
低相似、弱强、高首因、高近因	均值	4.892 5	4.741 9	5.129 0	4.741 9	4.021 5	4.661 3
	N	31	31	31	31	31	31
	标准差	0.742 30	0.717 30	0.499 46	1.139 23	0.655 10	0.237 60
低相似、强弱、高首因、高近因	均值	4.959 6	4.787 9	5.151 5	4.598 5	4.090 9	4.636 4
	N	33	33	33	33	33	33
	标准差	0.767 20	0.707 44	0.522 69	1.162 47	0.662 87	0.226 13
总计	均值	4.687 3	4.469 0	4.796 5	4.357 1	4.053 8	4.493 3
	N	371	371	371	371	371	371
	标准差	1.503 51	1.628 62	1.521 81	1.681 12	1.474 47	1.794 31

表 9-15　正式调查变量描述（2）

类型		非对称品牌关系均值	近因效应均值	跟随定位均值	跟随品牌赞助评价均值	同化效应均值	对比效应均值
低相似、强弱、低首因、高近因	均值	4.559 1	4.524 2	4.790 3	4.645 2	4.623 7	4.569 9
	N	31	31	31	31	31	31
	标准差	1.624 78	1.756 36	1.167 43	1.721 19	1.623 31	1.678 17
低相似、强弱、高首因、低近因	均值	4.896 6	3.750 0	4.034 5	3.873 6	4.069 0	4.494 3
	N	29	29	29	29	29	29
	标准差	1.453 25	1.886 28	1.420 08	2.000 82	1.709 87	0.941 21
低相似、弱强、低首因、高近因	均值	3.215 1	4.790 3	3.467 7	4.322 6	3.150 5	4.462 4
	N	31	31	31	31	31	31
	标准差	1.888 66	1.873 16	1.359 75	1.946 48	1.788 52	1.457 24
低相似、弱强、高首因、低近因	均值	4.528 7	3.620 7	3.327 6	3.275 9	3.367 8	4.183 9
	N	29	29	29	29	29	29
	标准差	1.712 51	2.065 47	1.495 68	1.868 85	1.641 10	1.170 36

续表

类型		非对称品牌关系均值	近因效应均值	跟随定位均值	跟随品牌赞助评价均值	同化效应均值	对比效应均值
高相似、强弱、低首因、高近因	均值	4.354 2	3.734 4	4.203 1	3.645 8	4.833 3	2.958 3
	N	32	32	32	32	32	32
	标准差	1.862 55	2.094 48	1.349 19	1.885 50	1.606 44	1.448 64
高相似、强弱、高首因、低近因组、高相似	均值	5.517 2	2.982 8	4.431 0	3.206 9	5.609 2	2.482 8
	N	29	29	29	29	29	29
	标准差	1.063 78	1.857 58	1.147 39	1.976 88	1.123 59	1.229 87
高相似、弱强、低首因、高近因	均值	3.356 3	3.905 2	5.069 0	4.356 3	5.632 2	2.689 7
	N	29	29	29	29	29	29
	标准差	1.916 78	2.080 32	0.923 16	1.995 89	0.757 74	0.835 38
高相似、弱强、高首因、低近因	均值	4.080 8	4.575 8	4.666 7	4.363 6	5.020 2	3.151 5
	N	33	33	33	33	33	33
	标准差	1.797 05	1.685 75	1.260 37	1.686 06	1.027 20	1.233 48
高相似、弱强、高首因、高近因	均值	2.303 9	5.139 7	5.235 3	3.970 6	5.098 0	3.264 7
	N	34	34	34	34	34	34
	标准差	0.869 88	1.454 08	0.676 84	1.388 67	1.327 08	1.448 97
高相似、强弱、高首因、高近因	均值	5.200 0	5.541 7	5.200 0	3.922 2	5.166 7	3.466 7
	N	30	30	30	30	30	30
	标准差	0.345 75	0.748 80	0.566 29	1.352 40	1.405 38	1.468 96
低相似、弱强、高首因、高近因	均值	1.989 2	5.604 8	2.338 7	3.419 4	5.322 6	3.440 9
	N	31	31	31	31	31	31
	标准差	0.349 43	0.168 01	0.454 37	1.712 63	1.172 16	1.277 69
低相似、强弱、高首因、高近因	均值	5.798 0	5.598 5	2.333 3	3.090 9	5.202 0	3.292 9
	N	33	33	33	33	33	33
	标准差	0.275 62	0.176 11	0.462 11	1.830 06	1.252 61	1.447 60
总计	均值	4.132 1	4.507 4	4.088 9	3.843 7	4.765 5	3.532 8
	N	371	371	371	371	371	371
	标准差	1.813 76	1.809 07	1.457 57	1.828 73	1.581 75	1.476 66

9.6.4 操控检验

第一是首因赞助匹配检验。数据分析发现，首因赞助匹配在不同类型间不存在显著差异（$M_{低相似、强弱、低首因、高近因}=4.77$，$M_{低相似、强弱、高首因、低近因}=4.74$，$M_{低相似、弱强、低首因、高近因}=4.84$，$M_{低相似、弱强、高首因、低近因}=4.22$，$M_{高相似、强弱、低首因、高近因}=4.76$，$M_{高相似、强弱、高首因、低近因}=4.96$，$M_{高相似、弱强、低首因、高近因}=4.63$，$M_{高相似、弱强、高首因、低近因}=5.14$，$M_{高相似、强弱、高首因、高近因}=4.58$，$M_{高相似、强弱、高首因、高近因}=4.68$，$M_{低相似、弱强、高首因、高近因}=4.89$，$M_{低相似、强弱、高首因、高近因}=4.95$；$F_{(11, 359)}=1.984$，$p=0.059>0.05$）。因此，首因赞助匹配操控成功。

第二是检验近因赞助匹配。数据分析发现，近因赞助匹配在不同类型间不存在显著差异（$M_{低相似、强弱、低首因、高近因}=4.59$，$M_{低相似、强弱、高首因、低近因}=4.71$，$M_{低相似、弱强、低首因、高近因}=4.12$，$M_{低相似、弱强、高首因、低近因}=4.79$，$M_{高相似、强弱、低首因、高近因}=4.18$，$M_{高相似、强弱、高首因、低近因}=4.54$，$M_{高相似、弱强、低首因、高近因}=4.06$，$M_{高相似、弱强、高首因、低近因}=4.73$，$M_{高相似、弱强、高首因、高近因}=4.05$，$M_{高相似、强弱、高首因、高近因}=4.13$，$M_{低相似、弱强、高首因、高近因}=4.02$，$M_{低相似、强弱、高首因、高近因}=4.09$；$F_{(11, 359)}=7.164$，$p=0.070>0.05$）。因此，近因赞助匹配操控成功。

第三是对首因赞助态度的检验。数据分析发现，首因赞助态度在不同类型间不存在显著差异（$M_{低相似、强弱、低首因、高近因}=4.83$，$M_{低相似、强弱、高首因、低近因}=4.67$，$M_{低相似、弱强、低首因、高近因}=4.75$，$M_{低相似、弱强、高首因、低近因}=4.17$，$M_{高相似、强弱、低首因、高近因}=4.01$，$M_{高相似、强弱、高首因、低近因}=4.10$，$M_{高相似、弱强、低首因、高近因}=4.12$，$M_{高相似、弱强、高首因、低近因}=4.45$，$M_{高相似、弱强、高首因、高近因}=4.42$，$M_{高相似、强弱、高首因、高近因}=4.55$，$M_{低相似、弱强、高首因、高近因}=4.74$，$M_{低相似、强弱、高首因、高近因}=4.78$；$F_{(11, 359)}=5.492$，$p=0.091>0.05$）。因此，首因赞助态度操控成功。

第四是对近因赞助态度的检验。数据分析发现，近因赞助态度在不同类型间不存在显著差异（$M_{低相似、强弱、低首因、高近因}=4.69$，$M_{低相似、强弱、高首因、低近因}=4.70$，$M_{低相似、弱强、低首因、高近因}=4.67$，$M_{低相似、弱强、高首因、低近因}=4.32$，$M_{高相似、强弱、低首因、高近因}=4.98$，$M_{高相似、强弱、高首因、低近因}=4.87$，$M_{高相似、弱强、低首因、高近因}=4.48$，$M_{高相似、弱强、高首因、低近因}=4.71$，$M_{高相似、弱强、高首因、高近因}=4.29$，$M_{高相似、强弱、高首因、高近因}=4.55$，

$M_{低相似、弱强、高首因、高近因} = 4.66$，$M_{低相似、强弱、高首因、高近因} = 4.63$；$F$（11，359）= 13.597，$p = 0.114 > 0.05$）。因此，近因赞助态度操控成功。

第五是对赞助涉入度的检验。由于首因效应与近因效应刺激物均是洗涤用品品牌赞助娱乐节目，因此赞助涉入度只用测量一次。数据分析发现，赞助涉入度在不同类型间不存在显著差异（$M_{低相似、强弱、低首因、高近因} = 4.56$，

$M_{低相似、弱强、高首因、低近因} = 4.74$，$M_{低相似、弱强、高首因、高近因} = 4.93$，

$M_{低相似、弱强、高首因、低近因} = 4.86$，$M_{高相似、强弱、低首因、高近因} = 4.06$，

$M_{高相似、强弱、高首因、低近因} = 4.75$，$M_{高相似、弱弱、低首因、高近因} = 4.53$，

$M_{高相似、弱弱、高首因、低近因} = 4.83$，$M_{高相似、弱弱、高首因、高近因} = 4.94$，

$M_{高相似、强弱、高首因、高近因} = 5.01$，$M_{低相似、弱强、低首因、高近因} = 5.12$，

$M_{低相似、强弱、高首因、高近因} = 5.15$；$F$（11，359）= 1.248，$p = 0.254 > 0.05$）。因此，首因赞助涉入度操控成功。

第六是非对称品牌关系的检验。数据分析发现，强弱类型品牌关系在不同类型间存在显著差异（$M_{强弱品牌关系} = 4.99$，$M_{弱强品牌关系} = 3.23$；F（1，245）= 192.964，$p = 0.000 < 0.05$）。因此，非对称品牌关系操控成功。

第七是对跟随定位的检验。数据分析发现，高相似定位与低相似定位在不同类型间存在显著差异（$M_{高相似} = 4.87$，$M_{低相似} = 3.36$；F（1，369）= 133.779，$p = 0.00 < 0.05$）。因此，跟随定位操控成功。

第八是对首因效应的检验。数据分析发现，首因效应在不同类型间存在显著差异（$M_{高首因} = 4.56$，$M_{低首因} = 3.93$；F（1，245）= 9.441，$p = 0.002 < 0.05$）。因此，首因效应操控成功。

第九是对近因效应的检验。数据分析发现，近因效应在不同类型间存在显著差异（$M_{高近因} = 4.94$，$M_{低近因} = 3.94$；F（1，245）= 26.342，$p = 0.000 < 0.05$）。因此，近因效应操控成功。

9.6.5 假设检验

假设 H1 推测，与低首因效应相比，高首因效应更能提升跟随品牌的品牌评价。单因素方差分析显示，跟随品牌的品牌评价在首因效应类型间存在显著差异，且高首因效应更能提升跟随品牌的品牌评价（$M_{高首因} = 4.15$，$M_{低首因} = 3.82$；F（1，369）= 19.751，$p = 0.000 < 0.05$）。因此，假设 H1 得到第五次验证。

假设 H2 推测，与低近因效应相比，高近因效应更能提升跟随品牌的品牌

评价。单因素方差分析显示，跟随品牌的品牌评价在近因效应类型间存在显著差异，且高近因效应更能提升跟随品牌的品牌评价（$M_{高近因}=3.99$，$M_{低近因}=3.53$；$F(1, 369)=5.438$，$p=0.020<0.05$）。因此，假设 H2 得到第五次验证。

假设 H3a 推测，与高首因、高近因效应相比，高首因效应更能提升跟随品牌的品牌评价。单因素方差分析显示，跟随品牌的品牌评价在高首因组评价更高且存在显著差异（$M_{高首因}=4.15$，$M_{高首因、高近因}=3.92$；$F(1, 307)=4.09$，$p=0.045<0.05$）。因此，假设 H3a 得到第四次验证。

假设 H3b 推测，与高首因效应相比，高首因、低近因效应更能提升跟随品牌的品牌评价。单因素方差分析显示，跟随品牌的品牌评价在高首因、低近因组评价更高且存在显著差异（$M_{高首因}=4.15$，$M_{高首因、低近因}=4.79$；$F(1, 433)=3.633$，$p=0.029<0.05$）。因此，假设 H3b 得到第四次验证。

假设 H3c 推测，与高首因、低近因效应相比，低首因、高近因效应更能提升赞助跟随对跟随品牌的品牌评价。单因素方差分析显示，跟随品牌的品牌评价在低首因、高近因组评价更高且存在显著差异（$M_{高首因、低近因}=4.79$，$M_{低首因、高近因}=5.09$；$F(1, 247)=10.558$，$p=0.002<0.05$）。因此，假设 H3c 得到第四次验证。

假设 H4a 推测，在强-弱联想型的非对称关系情况下，与低首因效应相比，高首因效应更能提升跟随品牌的品牌评价。单因素方差分析显示，在强-弱联想型的非对称关系情况下，与低首因效应相比，跟随品牌的品牌评价在高首因组评价更高且存在显著差异（$M_{强弱、高首因}=4.51$，$M_{强弱、低首因}=3.77$；$F(1, 247)=1.425$，$p=0.034<0.05$）。因此，假设 H4a 得到第三次验证。

假设 H4b 推测，在弱-强联想型的非对称关系情况下，与低首因效应相比，高首因效应不会显著提升跟随品牌的品牌评价。单因素方差分析显示，在弱-强联想型的非对称关系情况下，高首因效应不会显著提升跟随品牌的品牌评价（$M_{弱强、高首因}=4.56$，$M_{弱强、低首因}=4.48$；$F(1, 121)=0.074$，$p=0.786>0.05$）。因此，假设 H4b 得到第三次验证。

假设 H4c 推测，在强-弱联想型的非对称关系情况下，与低近因效应相比，高近因效应不能显著提升跟随品牌的品牌评价。单因素方差分析显示，在强-弱联想型的非对称关系情况下，高近因效应与低近因效应对跟随品牌的品牌评价没有显著影响（$M_{强弱、高近因}=3.81$，$M_{强弱、低近因}=3.85$；$F(1, 186)$

＝0.023，p＝0.879＞0.05）。因此，假设 H4c 得到第三次验证。

假设 H4d 推测，在弱-强联想型的非对称关系情况下，与低近因效应相比，高近因效应更能提升跟随品牌的品牌评价。单因素方差分析显示，在弱-强联想型的非对称关系情况下，与低近因效应相比，高近因效应更能提升跟随品牌的品牌评价（$M_{弱强、高近因}$＝4.01，$M_{弱强、低近因}$＝3.85；$F(1, 184)$＝0.341，p＝0.020＜0.05）。因此，假设 H4d 得到第三次验证。

假设 H5a 推测，在跟随品牌采取高相似定位的情况下，与低首因效应相比，高首因效应更能提升跟随品牌的品牌评价。单因素方差分析显示，在跟随品牌采取高相似定位的情况下，与低首因组相比，高首因组更能提升跟随品牌的品牌评价（$M_{高相似、高首因}$＝4.58，$M_{高相似、低首因}$＝3.93；$F(1, 183)$＝0.035，p＝0.042＜0.05）。因此，假设 H5a 得到第二次验证。

假设 H5b 推测，在跟随品牌采取低相似定位的情况下，与高首因效应相比，低首因效应更能提升跟随品牌的品牌评价。单因素方差分析显示，在跟随品牌采取低相似定位的情况下，与高首因组相比，低首因组更能提升跟随品牌的品牌评价（$M_{低相似、高首因}$＝3.40，$M_{低相似、低首因}$＝4.48；$F(1, 182)$＝14.078，p＝0.000＜0.05）。因此，假设 H5b 得到第二次验证。

假设 H6a 推测，在首因效应影响跟随品牌的品牌评价过程中，同化效应起到中介作用。

假设 H6b 推测，在首因效应影响跟随品牌的品牌评价过程中，对比效应起到中介作用。

为了验证中介作用，第一步：构建自变量到因变量的回归方程，构建首因效应到跟随品牌的品牌评价的回归方程。结果显示，回归方程显著（F＝19.751，p＜0.05）。并且，首因效应到跟随品牌的品牌评价的系数显著（r＝0.225，p＜0.05），如表 9-16 及表 9-17 所示。

表 9-16　首因类型到跟随品牌的品牌评价的回归方程

模型		平方和	df	均方	F	Sig.
1	回归	62.867	1	62.867	19.751	0.000ᵃ
	残差	1174.510	369	3.183	-	-
	总计	1237.377	370	-	-	-

a. 预测变量（常量）：首因类型。

b. 因变量：跟随品牌赞助评价均值。

表 9-17　首因类型到跟随品牌的品牌评价的回归系数

模型		非标准化系数		标准系数	t	Sig.
		B	标准误差	试用版		
1	常量	2.679	0.278	-	9.642	0.000
	首因类型	0.874	0.197	0.225	4.444	0.000

a. 因变量：跟随品牌赞助评价均值。

第二步：构建自变量到中介变量的回归方程，构建首因类型到同化效应的回归方程。结果显示，首因类型到同化效应的回归方程显著（$F=0.039$，$p<0.05$）。并且，首因类型到同化效应系数显著（$r=0.225$，$p<0.05$），如表 9-18 及表 9-19 所示。

表 9-18　首因类型到同化效应的回归方程

模型		平方和	df	均方	F	Sig.
1	回归	0.098	1	0.098	0.039	0.002[a]
	残差	925.611	369	2.508	-	-
	总计	925.709	370	-	-	-

a. 预测变量（常量）：首因类型。
b. 因变量：同化效应均值。

表 9-19　首因类型到同化效应的回归系数

模型		非标准化系数		标准系数	t	Sig.
		B	标准误差	试用版		
1	常量	4.719	0.247	-	19.132	0.000
	首因类型	0.035	0.175	0.010	0.198	0.002

a. 因变量：同化效应均值。

第三步：构建首因类型到对比效应的回归方程。结果显示，首因类型到对比效应的回归方程显著（$F=0.001$，$p<0.05$）。并且，首因类型到对比效应系数显著（$r=0.225$，$p<0.05$），如表 9-20 及表 9-21 所示。

表 9-20　首因类型到对比效应的回归方程

模型		平方和	df	均方	F	Sig.
1	回归	0.003	1	0.003	0.001	0.002[a]
	残差	806.793	369	2.186	-	-
	总计	806.795	370	-	-	-

a. 预测变量（常量）：首因类型。
b. 因变量：对比效应均值。

表 9-21　首因类型到对比效应的回归系数

模型		非标准化系数		标准系数	t	Sig.
		B	标准误差	试用版		
1	常量	3.525	0.230	-	15.307	0.000
	首因类型	0.006	0.163	0.002	0.035	0.002

a. 因变量：对比效应均值。

第四步：检验自变量和中介变量对因变量的影响，构建首因类型和同化效应到跟随品牌的品牌评价的回归方程。结果显示，首因类型和同化效应到跟随品牌的品牌评价的回归方程显著（$F=10.922$，$p<0.05$），首因类型到跟随品牌的品牌评价的回归显著（$p<0.05$），同化效应到跟随品牌的品牌评价回归也显著（$p<0.05$）。因此，同化效应在首因类型影响跟随品牌的品牌评价的过程中起到了不完全中介效应，假设"在首因效应影响跟随品牌的品牌评价过程中，同化效应起到中介作用"部分成立，如表 9-22 及表 9-23 所示。

表 9-22　首因类型和同化效应到跟随品牌的品牌评价的回归方程

模型		平方和	df	均方	F	Sig.
1	回归	69.332	2	34.666	10.922	0.000ª
	残差	1168.045	368	3.174	-	-
	总计	1237.377	370	-	-	-

a. 预测变量（常量）：同化效应均值，首因类型。

b. 因变量：跟随品牌赞助评价均值。

表 9-23　首因类型和同化效应到跟随品牌的品牌评价的回归系数

模型		非标准化系数		标准系数	t	Sig.
		B	标准误差	试用版		
1	常量	2.285	0.392		5.834	0.000
	首因类型	0.872	0.196	0.225	4.436	0.000
	同化效应均值	0.084	0.059	0.072	1.427	0.004

a. 因变量：跟随品牌赞助评价均值。

第五步：构建首因类型和对比效应到跟随品牌的品牌评价的回归方程。结果显示，首因类型和对比效应到跟随品牌的品牌评价的回归方程显著（$F=11.173$，$p<0.05$），首因类型到跟随品牌的品牌评价的回归显著（$p<0.05$），对比效应到跟随品牌的品牌评价回归也显著（$p<0.05$）。因此，对比效应在首因类型影响跟随品牌的品牌评价的过程中起到了不完全中介效应，

假设"在首因效应影响跟随品牌的品牌评价过程中，对比效应起到中介作用"部分成立，如表 9-24 及表 9-25 所示。

表 9-24　首因类型和对比效应到跟随品牌的品牌评价的回归方程

模型		平方和	df	均方	F	Sig.
1	回归	70.834	2	35.417	11.173	0.000ᵃ
	残差	1166.543	368	3.170	-	-
	总计	1237.377	370	-	-	-

a. 预测变量（常量）：对比效应均值，首因类型。

b. 因变量：跟随品牌赞助评价均值。

表 9-25　首因类型和对比效应到跟随品牌的品牌评价的回归系数

模型		非标准化系数		标准系数	t	Sig.
		B	标准误差	试用版		
1	常量	3.030	0.355	-	8.544	0.000
	首因类型	0.875	0.196	0.226	4.456	0.000
	对比效应均值	−0.099	0.063	−0.080	−1.585	0.014

a. 因变量：跟评均值。

假设 H6c 推测，在近因效应影响跟随品牌的品牌评价过程中，同化效应起到中介作用。假设 H6d 推测，在近因效应影响跟随品牌的品牌评价过程中，对比效应起到中介作用。

为了验证中介作用，第一步：构建自变量到因变量的回归方程，构建近因效应到跟随品牌的品牌评价的回归方程。结果显示，回归方程显著（$F=5.438$，$p<0.05$），并且近因效应到跟随品牌的品牌评价的系数显著（$r=0.855$，$p<0.05$），如表 9-26 及表 9-27 所示。

表 9-26　近因类型到跟随品牌的品牌评价的回归方程

模型		平方和	df	均方	F	Sig.
1	回归	17.969	1	17.969	5.438	0.020ᵃ
	残差	1219.408	369	3.305	-	-
	总计	1237.377	370	-	-	-

a. 预测变量（常量）：近因类型。

b. 因变量：跟随品牌赞助评价均值。

表 9-27　近因类型到跟随品牌的品牌评价的回归系数

模型		非标准化系数		标准系数	t	Sig.
		B	标准误差	试用版		
1	常量	4.466	0.283	-	15.774	0.000
	近因类型	-0.467	0.200	-0.121	-2.332	0.020

a. 因变量：跟随品牌赞助评价均值。

第二步：构建自变量到中介变量的回归方程，构建近因类型到同化效应的回归方程。结果显示，近因类型到同化效应的回归方程显著（$F=17.159$，$p<0.05$）。并且，近因类型到同化效应系数显著（$r=0.887$，$p<0.05$），如表 9-28 及表 9-29 所示。

表 9-28　近因类型到同化效应的回归方程

模型		平方和	df	均方	F	Sig.
1	回归	41.135	1	41.135	17.159	0.000ᵃ
	残差	884.575	369	2.397	-	-
	总计	925.709	370		-	-

a. 预测变量（常量）：近因类型。

b. 因变量：同化效应均值

表 9-29　近因类型到同化效应的回归系数

模型		非标准化系数		标准系数	t	Sig.
		B	标准误差	试用版		
1	常量	5.707	0.241	-	23.667	0.000
	近因类型	-0.707	0.171	-0.211	-4.142	0.000

a. 因变量：同化效应均值。

第三步：构建近因类型到对比效应的回归方程。结果显示，近因类型到对比效应的回归方程显著（$F=2.663$，$p<0.05$）。并且，近因类型到对比效应系数显著（$r=0.887$，$p<0.05$），如表 9-30 及表 9-31 所示。

表 9-30　近因类型到对比效应的回归方程

模型		平方和	df	均方	F	Sig.
1	回归	5.780	1	5.780	2.663	0.004[a]
	残差	801.016	369	2.171	-	-
	总计	806.795	370	-	-	-

a. 预测变量（常量）：近因类型。

b. 因变量：对比效应均值。

表 9-31　近因类型到对比效应的回归系数

模型		非标准化系数		标准系数	t	Sig.
		B	标准误差	试用版		
1	常量	3.180	0.229	-	13.856	0.000
	近因类型	0.265	0.162	0.085	1.632	0.004

a. 因变量：对比效应均值。

第四步：检验自变量和中介变量对因变量的影响，构建近因类型和同化效应到跟随品牌的品牌评价的回归方程，构建近因类型和同化效应到跟随品牌的品牌评价的回归方程。结果显示，近因类型和同化效应到跟随品牌的品牌评价的回归方程显著（$F = 3.193$，$p < 0.05$）。近因类型到跟随品牌的品牌评价的回归显著（$p < 0.05$），同化效应到跟随品牌的品牌评价回归也显著（$p < 0.05$）。因此，同化效应在近因类型影响跟随品牌的品牌评价的过程中起到了不完全中介效应，假设"在近因效应影响跟随品牌的品牌评价过程中，同化效应起到中介作用"部分成立，如表 9-32 及表 9-33 所示。

表 9-32　近因类型和同化效应到跟随品牌的品牌评价的回归方程

模型		平方和	df	均方	F	Sig.
1	回归	21.104	2	10.552	3.193	0.042[a]
	残差	1216.273	368	3.305	-	-
	总计	1237.377	370	-	-	-

a. 预测变量（常量）：同化效应均值，近因类型。

b. 因变量：跟随品牌赞助评价均值。

表9-33　近因类型和同化效应到跟随品牌的品牌评价的回归系数

模型		非标准化系数		标准系数	t	Sig.
		B	标准误差	试用版		
1	常量	4.126	0.449	-	9.184	0.000
	近因类型	−0.425	0.205	−0.110	−2.074	0.039
	同化效应均值	0.060	0.061	0.051	0.974	0.031

a. 因变量：跟随品牌赞助评价均值。

第五步：构建近因类型和对比效应到跟随品牌的品牌评价的回归方程。结果显示，近因类型和对比效应到跟随品牌的品牌评价的回归方程显著（$F=3.641$，$p < 0.05$），近因类型到跟随品牌的品牌评价的回归显著（$p < 0.05$），对比效应到跟随品牌的品牌评价回归也显著（$p < 0.05$）。因此，对比效应在近因类型影响跟随品牌的品牌评价的过程中起到了不完全中介效应，假设"在近因效应影响跟随品牌的品牌评价过程中，对比效应起到中介作用"部分成立，如表9-34及表9-35所示。

表9-34　近因类型和对比效应到跟随品牌的品牌评价的回归方程

模型		平方和	df	均方	F	Sig.
1	回归	24.012	2	12.006	3.641	0.027[a]
	残差	1213.365	368	3.297	-	-
	总计	1237.377	370	-	-	-

a. 预测变量（常量）：对比效应均值，近因类型。

b. 因变量：跟随品牌赞助评价均值。

表9-35　近因类型和对比效应到跟随品牌的品牌评价的回归系数

模型		非标准化系数		标准系数	t	Sig.
		B	标准误差	试用版		
1	常量	4.742	0.349	-	13.599	0.000
	近因类型	−0.444	0.201	−0.115	−2.212	0.028
	对比效应均值	−0.087	0.064	−0.070	−1.354	0.007

a. 因变量：跟随品牌赞助评价均值。

9.7　小结

本小节着重介绍了本章的调查设计，包括调查设计、预调查、正式调查，描述了调查的过程。

首先是调查设计。研究 6 重点分析了同化效应与对比效应的中介作用。根据研究假设，本章节采用了 2（首因效应：高 vs 低）X2（近因效应：高 vs 低）X2（非对称品牌关系：强-弱联想型 vs 弱-强联想型）X2（跟随定位：高 vs 低）的调查设计。考虑到低首因、低近因组没有现实意义，且假设组中没有关于低首因、低近因的假设，所以，在 16 个实验组的基础上，剔除了 2（非对称品牌关系：强-弱联想型 vs 弱-强联想型）X2（跟随定位：高 vs 低）X（低首因、低近因）4 个调查组。因此，本实验最终确定 12 个调查组。

其次是预调查。本书共邀请 80 人参与预调查，分为 4 组。其中，低相似、强弱、低首因、高近因 20 人，低相似、强弱、高首因、低近因 20 人，高相似、弱强、低首因、高近因 20 人，高相似、弱强、高首因、低近因 20 人。其中，男性 50 人，女性 30 人，并且性别没有对其他变量认识造成显著影响。结果显示，刺激物设计成功。

最后是正式调查。正式调查部分描述了数据的基本特征，包括样本描述、变量描述、量表信度和操控检验。分析结果显示，量表信度和变量操控均符合要求。本章第五次验证了假设 H1 与 H2，第四次验证了假设 H3a、H3b、H3c，第三次验证了假设 H4a、H4b、H4c、H4d，第二次验证了假设 H5a、H5b，通过回归分析部分验证了 H6a、H6b、H6c、H6d，部分验证了在首因效应影响跟随品牌的品牌评价过程中，同化效应起到中介作用；在首因效应影响跟随品牌的品牌评价过程中，对比效应起到中介作用；在近因效应影响跟随品牌的品牌评价过程中，同化效应起到中介作用；在近因效应影响跟随品牌的品牌评价过程中，对比效应起到中介作用。

第 10 章　研究总结

10.1　研究结果与结论

本书重点回答以下五个问题：

问题一：消费者对赞助跟随有没有一个明确的评价？有的赞助跟随会使跟随品牌"借势"获取额外的赞助效果，有的赞助跟随会使跟随品牌成为竞争企业的"赞助背景"，在降低自身赞助效果的同时提升了竞争企业的赞助效果。面对以上有趣的现象，我们不禁要问，是什么决定了赞助跟随中跟随品牌的赞助效果？赞助跟随影响消费者对跟随品牌评价的心理机制是什么？还有什么其他因素会影响赞助跟随效果？

问题二：由于赞助的灵活性（相较于战略决策，赞助属于企业经营的日常决策，会经常发生以及变化）、多样性（企业的赞助对象可以有很多）以及排他性（很多赞助企业会要求赞助对象签署排他协议）导致与竞争对手的其他决策相比，很难事前预测与事前控制其赞助决策。在营销现实当中，企业面临的情况往往是竞争对手已经做出了某项赞助决策，而自身必须对竞争对手的赞助行为进行针对性的回应。从这个层面上来说，事后的赞助竞争行为——"赞助跟随"，比事前的赞助竞争行为——"埋伏营销"重要。因此，怎样制订事后的赞助竞争行为——"赞助跟随"，就显得非常重要。

问题三：作为赞助对象，具有高品牌声誉、高品牌附加值的赛事、事件、组织是一种稀缺资源（Smith，2010）。能够获取这一类稀缺赞助资源的企业毕竟是很少的，许多企业无法获取。那么，在大多数企业无法获取此类赞助资源的情况下，企业应制订怎样的赞助策略，才能用较小的财力、物力获得较大的赞助效果，就是一个很具有现实意义的问题。

问题四：跟随作为营销领域中一项重要的概念，学者对其的研究都集中在企业竞争战略和市场行为层面，还没有从消费者行为的角度来研究跟随是怎样作用于消费者心理与行为的。以往关于跟随决策的研究表明，企业决策者的决策依据更多的是市场与竞争对手的情况，还没有理论依据能够指导决策者从消费者心理与行为层面来制订跟随决策。本书致力于从消费者心理与行为层面来回答跟随的本质。

问题五：之前对于赞助效果评价的研究都集中在赞助事件本身会对赞助企业产生怎么样的影响，还没有研究从赞助竞争的视角来进行，即是说竞争对手的赞助情况会怎样影响到跟随品牌的赞助效果。目前，还没有理论依据能够指导决策者从赞助竞争的视角来制定赞助决策。

为此，本书通过 6 个研究回答了以上问题，具体如下：

第一，研究 1 着重探讨首因效应对跟随品牌的品牌评价影响，采用情景实验法开展实证研究，发现与低首因效应相比，高首因效应更能提升跟随品牌的品牌评价。其原因是，若跟随品牌采取赞助跟随行为，由于其赞助跟随行为具有相似性，根据可接近-可诊断理论，此时会产生品牌溢出效应，竞争品牌的品牌形象和评价等会向跟随品牌转移。当竞争品牌赞助行为产生的首因效应较高时，其转移给跟随品牌的形象与评价也相对较高。因此，在赞助跟随过程中，与竞争品牌赞助的低首因效应相比，高首因效应对跟随品牌的品牌评价的提升作用更大。假设 H1 在研究 1、研究 3、研究 4、研究 5、研究 6 中均得到支持。

该研究结论部分回答了问题一，说明竞争品牌在消费者心中留下的关于赞助的高首因效应更能提升赞助跟随中跟随品牌的赞助效果；部分回答了问题二、问题三与问题五，说明跟随品牌应重点关注竞争企业的高首因跟随事件，跟随高首因赞助事件能够较大程度提升跟随品牌的赞助效果。

第二，研究 2 着重探讨了近因效应对跟随品牌的品牌评价影响，通过情景实验法开展实证研究，发现与低近因效应相比，高近因效应更能提升跟随品牌的品牌评价。其原因是信息前后间隔时间越长，近因效应越明显。这是因为前面的信息在记忆中逐渐模糊，从而使近期信息在短时记忆中更清晰（Baddeley and Hitch，1993）。近因效应越强，消费者对跟随品牌赞助行为的记忆越清晰，越容易形成较高的品牌评价。假设 H2 在研究 2、研究 3、研究 4、研究 5、研究 6 中均得到支持。

该研究结论部分回答了问题一，说明跟随品牌在消费者心中留下的关于赞助的高近因效应更能提升赞助跟随中跟随品牌的赞助效果；部分回答了问题二、问题三与问题五，说明在条件允许的情况下，跟随品牌应采取赞助行动形成高的近因效应，**能够较大程度提升跟随品牌的赞助效果。**

第三，研究 3 着重探讨了首因效应与近因效应的交互情况对跟随品牌的品牌评价影响，发现与高首因、高近因效应相比，高首因效应更能提升跟随品牌的品牌评价；与高首因效应相比，高首因、低近因效应更能提升跟随品牌的品牌评价；与高首因、低近因效应相比，低首因、高近因效应更能提升赞助跟随对跟随品牌的品牌评价。假设 H3a、H3b 和 H3c 在研究 3、研究 4、研究 5、研究 6 中均得到支持。

该研究结论部分回答了问题一与问题五，说明首因效应和近因效应会共同作用于跟随品牌的赞助效果；部分回答了问题二与问题三，从节约企业赞助成本，以最小成本获取最大赞助效益的角度来说，当面对竞争品牌高首因的赞助情形，跟随品牌应采用低近因策略来跟进高首因的赞助事件，这样可以获取最大的赞助效果。当面对竞争品牌高首因赞助与低首因赞助同时存在的情形，跟随品牌应选择采取高近因策略对低首因的竞争品牌赞助情形进行跟进，这样才能获取最大的赞助效果；部分回答了问题四，说明跟随作用于消费者态度与行为的原理是首因效应与近因效应的"矛盾博弈"。作为一对矛盾的概念，跟随品牌的品牌评价到底是更趋近于竞争品牌之前的赞助行为给消费者留下的首因效应，还是更趋近于跟随品牌的赞助行为给消费者留下的近因效应，是赞助跟随影响跟随品牌的品牌评价的本质及原理。

第四，研究 4 着重探讨了非对称品牌关系在赞助跟随过程中起到的调节作用，发现在强-弱联想型的非对称关系情况下，与低首因效应相比，高首因效应更能提升跟随品牌的品牌评价。在弱-强联想型的非对称关系情况下，与低首因效应相比，高首因效应不会显著提升跟随品牌的品牌评价；在强-弱联想型的非对称关系情况下，与低近因效应相比，高近因效应不能显著提升跟随品牌的品牌评价；在弱-强联想型的非对称关系情况下，与低近因效应相比，高近因效应更能提升跟随品牌的品牌评价。非对称品牌关系在首因效应影响跟随品牌的品牌评价的过程中起到调节作用，非对称品牌关系在近因效应影响跟随品牌的品牌评价的过程中起到调节作用。假设 H4a、H4b、H4c、H4d 在研究 4、研究 5、研究 6 中均得到支持。

该研究结论部分回答了问题一，品牌关系存在非对称性，会影响赞助跟随效果；部分回答了问题二与问题三，品牌关系是制定赞助跟随策略的一个重要参考指标。对于竞争品牌是强联想型品牌，而跟随品牌是弱联想型品牌时，跟随品牌跟随高首因的竞争品牌赞助行为更能提升自身赞助评价，而采取高近因的赞助行为无法获取更好的赞助效果。对于竞争品牌是弱联想型品牌，而跟随品牌是强联想型品牌时，跟随品牌跟随高首因的竞争品牌赞助行为没有显著的提升自身品牌评价的效果，而采取高近因的赞助行为会获取更佳的赞助效果；部分回答了问题五，除了竞争对手的赞助情况会影响到跟随品牌的赞助效果，竞争品牌与跟随品牌之间的关系也会影响到赞助跟随的效果。

第五，研究 5 着重探讨了跟随定位在赞助跟随过程中起到的调节作用，发现在跟随品牌采取高相似定位的情况下，与低首因效应相比，高首因效应更能提升跟随品牌的品牌评价；在跟随品牌采取低相似定位的情况下，与高首因效应相比，低首因效应更能提升跟随品牌的品牌评价；跟随定位在首因效应影响跟随品牌的品牌评价过程中起到调节作用；跟随定位不能在近因效应影响跟随品牌的品牌评价过程中起到调节作用。假设 H5a、H5b、研究 5、研究 6 中均得到支持。

该研究结论部分回答了问题一和问题五，跟随定位会影响赞助跟随效果；部分回答了问题二与问题三，跟随定位是制订赞助跟随策略的一个重要参考指标。当竞争品牌的赞助行为在消费者心目中形成高首因效应时，跟随品牌应采取高相似的赞助跟随行为；当竞争品牌的赞助行为在消费者心目中形成低首因效应时，跟随品牌应采取低相似的赞助跟随行为。

第六，研究 6 着重探讨了同化效应与对比效应的中介作用，发现在赞助跟随影响跟随品牌的品牌评价过程中，同化效应起到中介作用；在赞助跟随影响跟随品牌的品牌评价过程中，对比效应起到中介作用。假设 H6a、H6b、H6c、H6d 在研究 6 中得到部分支持。该结论部分回答了问题一，赞助跟随影响消费者对跟随品牌评价的心理机制是同化效应与对比效应。该结论部分回答了问题四，消费者通过同化效应或者对比效应来对跟随品牌的品牌评价进行判断，看其最终是向首因效应趋近或相反，还是向近因效应趋近或相反。

本书研究假设的验证情况如下：研究 1 的假设 H1 得到 5 次支持，研究 2 的假设 H2 得到 5 次支持，研究 3 的假设 H3 得到 4 次支持，研究 4 的假设 H4 得到 3 次支持，研究 5 的假设 H5 得到 2 次支持，研究 6 的假设 H6 得到部分支持，如表 10-1 所示。

表 10-1　本书研究假设验证情况

研究假设	验证情况
H1：与低首因效应相比，高首因效应更能提升跟随品牌的品牌评价	验证
H2：与低近因效应相比，高近因效应更能提升跟随品牌的品牌评价	验证
H3a：与高首因、高近因效应相比，高首因效应更能提升跟随品牌的品牌评价	验证
H3b：与高首因效应相比，高首因、低近因效应更能提升跟随品牌的品牌评价	验证
H3c：与高首因、低近因效应相比，低首因、高近因效应更能提升赞助跟随对跟随品牌的品牌评价	验证
H4a：在强-弱联想型的非对称关系情况下，与低首因效应相比，高首因效应更能提升跟随品牌的品牌评价	验证
H4b：在弱-强联想型的非对称关系情况下，与低首因效应相比，高首因效应不会显著提升跟随品牌的品牌评价	验证
H4c：在强-弱联想型的非对称关系情况下，与低近因效应相比，高近因效应不能显著提升跟随品牌的品牌评价	验证
H4d：在弱-强联想型的非对称关系情况下，与低近因效应相比，高近因效应更能提升跟随品牌的品牌评价	验证
H5a：在跟随品牌采取高相似定位的情况下，与低首因效应相比，高首因效应更能提升跟随品牌的品牌评价	验证
H5b：在跟随品牌采取低相似定位的情况下，与高首因效应相比，低首因效应更能提升跟随品牌的品牌评价	验证
H6a：在首因效应影响跟随品牌的品牌评价过程中，同化效应起到中介作用	部分验证
H6b：在首因效应影响跟随品牌的品牌评价过程中，对比效应起到中介作用	部分验证
H6c：在近因效应影响跟随品牌的品牌评价过程中，同化效应起到中介作用	部分验证
H6c：在近因效应影响跟随品牌的品牌评价过程中，对比效应起到中介作用	部分验证

10.2 管理启示

本书的实践意义围绕着"降低赞助成本，提升赞助效果"展开。因此，本书主要有以下管理启示：

第一，跟随品牌应重点选择高首因赞助事件进行赞助跟随。后发赞助企业应重点关注高首因赞助事件，因为高首因赞助事件往往意味着竞争对手赞助了具有高品牌声誉、高品牌附加值的稀缺赞助资源。选择对此类赞助事件进行跟随可以利用品牌溢出效应，转移给跟随品牌的形象与评价也相对较高，跟随品牌可以借势获得更高的评价。

第二，当跟随品牌对高首因赞助事件进行跟随时，采用低近因策略比高近因策略效果好，且赞助成本更低。实证研究发现，当跟随品牌对高首因赞助事件进行跟随时，采用低近因策略比采用高近因策略效果好。这是因为高首因、低近因策略会引发消费者的混淆效应，混淆效应会使消费者对记忆强度低的对象的评价偏向记忆强度高的对象的评价。即是说，消费者对跟随品牌的评价会偏向于记忆强度更高的首因效应。

第三，当跟随品牌有条件形成高近因效应时，应重点选择低首因效应的赞助事件进行跟随。实证研究发现，与高首因、低近因效应相比，低首因、高近因效应更能提升赞助跟随对跟随品牌的品牌评价。这说明运用对比效应（低首因、高近因）获取的赞助效果好于运用同化效应（高首因、低近因）获取的赞助效果。

第四，在竞争品牌与跟随品牌的品牌关系是强-弱型时，跟随品牌应重点跟随高首因赞助事件。此时，跟随品牌采取高近因或低近因的赞助策略对赞助效果没有显著差异。因此，从"降低赞助成本"的角度来看，当处于强弱型品牌关系时，最佳赞助策略是选择高首因赞助事件，采取低近因赞助行为。

第五，在竞争品牌与跟随品牌的品牌关系是弱-强型时，跟随品牌应重点采取高近因的赞助策略，选择对高首因或低首因赞助事件进行跟随不会有显著的差异。

第六，当跟随品牌面对高首因效应时，最佳策略是采取高相似的跟随定位进行赞助跟随。当跟随品牌面对低首因效应时，最佳策略是采取低相似的跟随定位策略进行跟随。赞助跟随最佳策略表10-2所示。

表 10-2　赞助跟随最佳策略表

变量类型		高首因	低首因	高近因	低近因
只涉及首因效应		√			
只涉及近因效应				√	
近因效应	高近因		√		
	低近因	√			
非对称品牌关系	强-弱	√			√
	弱-强	√	√	√	
跟随定位	高相似	√			
	低相似		√		-

注：√代表最优策略。

10.3　研究局限

第一，研究方法局限。本书研究 1 至研究 5 采用实验法，研究 6 采用调查法。研究 1 至研究 5 采用的均是虚拟品牌，在外部效度的拓展上存在制约。尽管研究 6 采用了调查法对研究 1 至研究 5 进行了重复验证，但仍存在外部效度不足的问题。后续研究可以通过不同的实证方法来对研究结论进行进一步验证，拓展外部效度。

第二，研究内容局限。限于篇幅，本书仅关注了单个跟随品牌对单个竞争品牌的跟随行为，没有关注现实中广泛存在的并发赞助跟随（多个跟随品牌采取赞助跟随行为），减弱了本书的现实指导意义。因此，后续研究将进一步研究其应对策略问题。

第三，刺激物设计局限。研究 1 到研究 5 采用的刺激物为体育用品企业赞助体育赛事，只有研究 6 采用的刺激物是生活用品品牌赞助娱乐节目。赞助事件类型的不同可能会对研究结论产生一定影响。因此，后续研究将进一步拓展刺激物类型，研究不同赞助事件背景下赞助跟随对跟随品牌的影响。

参考文献

一、中文文献

[1] [美] 菲利普·科特勒. 市场营销原理（亚洲版·第2版）[M]. 北京：机械工业出版社，2010.

[2] 蓝海林，汪秀琼，吴小节，等. 基于制度基础观的市场进入模式影响因素：理论模型构建与相关研究命题的提出 [J]. 南开管理评论，2010（6）：77-90.

[3] 杨小凯. 后发劣势 [J]. 商界·中国商业评论，2006（1）：112-115.

[4] 林毅夫，张鹏飞. 后发优势、技术引进和落后国家的经济增长 [J]. 经济学（季刊），2005（4）：53-74.

[5] 杨洋，方正，江明华. 赛事赞助沟通对感知匹配的影响研究 [J]. 上海体育学院学报，2015，39（2）：21-25.

[6] 沈佳. 体育赛事赞助目标和策略研究 [D]. 上海：上海体育学院，2010.

[7] 邓里文. 体育赞助营销中赞助商品牌形象转移的研究 [D]. 天津：南开大学，2010.

[8] 卢长宝. 国外赞助营销研究新进展 [J]. 外国经济与管理，2005，27（5）：28-33.

[9] 杨晓生，程绍同. 体育赞助导论 [M]. 北京：高等教育出版社，2004.

[10] 冯义方. 企业对于运动赞助行为之研究 [D]. 台北：台湾大学商学研究所，1999.

[11] 陈柏苍. 企业赞助对企业品牌权益之研究 [D]. 台北：中正大学企业管理研究所，2001.

[12] 范师豪. 消费者观点探讨企业赞助职业棒球运动之效益 [D]. 台北：台湾政治大学广告学系研究所，2004.

［13］洪睦盛. 企业赞助体育运动赛会之动机与效益研究［D］. 台北：台湾体育学院休闲运动管理研究所，2004.

［14］邹玉玲. 体育赛事电视转播权的营销策略［J］. 体育学刊，2001（3）：10-12.

［15］程绍同. 第五促销元素：运动赞助行销新风潮［M］. 台北：滚石文化出版社，2001.

［16］朱珮忻. 从消费者观点分析企业运动赞助效果［D］. 台北：台湾大学"国际"企业管理研究所，2003.

［17］杨圣智. 91年"全国"中等学校运动会现场观众对赞助商认知效果之研究［D］. 台北：台湾师范大学体育研究所，2003.

［18］汪玮琳，肖斌. 体育赞助的评估与管理［J］. 赣南师范学院学报，2003（6）：75-77.

［19］梁立君，李丹. 对我国体育赞助效果评估的研究［J］. 浙江体育科学，2004（1）：15-17.

［20］卢长宝. 体育赞助营销效用评估方法的回顾及重构［J］. 体育科学，2005，25（12）：65-68.

［21］邢淑芬，俞国良. 社会比较：对比效应还是同化效应？［J］. 心理科学进展，2006（6）：944-949.

［22］曹群. 时间比较的倾向：同化效应和对比效应研究概述［J］. 社会心理科学，2016（2）：27-31.

［23］王沛. 社会信息归类过程中刻板印象的内隐效应［J］. 心理学报，2002（3）：301-305.

［24］付宗国，张承芬. 群际情境下向上社会比较信息对自我评价的影响［J］. 心理科学，2004（1）：84-87.

［25］邢淑芬，俞国良. 社会比较：对比效应还是同化效应？［J］. 心理科学进展，2006（6）：944-949.

［26］邢淑芬，俞国良. 对比效应与同化效应对比研究［J］. 心理科学学报，2008（9）：522-547.

［27］费显政，李陈微，周舒华. 一损俱损还是因祸得福？——企业社会责任声誉溢出效应研究［J］. 管理世界，2010（4）：74-82.

二、英文文献

[1] Min S, Kalwani M U, Robinson W T. Market Pioneer and Early Follower Survival Risks: A Contingency Analysis of Really New Versus Incrementally New Product-Markets [J]. Journal of Marketing, 2006, 70 (1): 15-33.

[2] Shankar V. Proactive and Reactive Product Line Strategies: Asymmetries Between Market Leaders and Followers [J]. Management Science, 2006, 52 (2): 276-292.

[3] Boyer M, Moreaux M. Being a leader or a follower : Reflections on the distribution of roles in duopoly [J]. International Journal of Industrial Organization, 1987, 5 (2): 175-192.

[4] Robinson W T, Chiang J. Product development strategies for established market pioneers, early followers, and late entrants [J]. Strategic Management Journal, 2002, 23 (9): 855-866.

[5] Alpert F H, Kamins M A. An Empirical Investigation of Consumer Memory, Attitude, and Perceptions toward Pioneer and Follower Brands [J]. Journal of Marketing, 1995, 59 (4): 34-45.

[6] Wunker S. Better growth decisions: early mover, fast follower or late follower? [J]. Strategy & Leadership, 2012, volume 40 (40): 43-48.

[7] Wang Q, Chen Y, Xie J. Survival in Markets with Network Effects: Product Compatibility and Order-of-Entry Effects [J]. Journal of Marketing, 2009, 74 (4): 1-14.

[8] E K A O. A question of strategy: To be a pioneer or a follower? [J]. Economic Annals, 2008, 53 (177): 89-102.

[9] Lambin J J, Schuiling I. Market-driven management : strategic and operational marketing [M]. Palgrave Macmillan, 2007.

[10] Gal M S, Padilla A J. The Follower Phenomenon: Implications for the Design of Monopolization Rules in a Global Economy [J]. Social Science Electronic Publishing, 2010, 76 (3): 899-928.

[11] Breton M, Chauny F, Zaccour G. Leaderollower Dynamic Game of New Product Diffusion [J]. Journal of Optimization Theory & Applications,

1997, 92 (1): 77-98.

[12] Milewicz Chad, Lee Sangwon. Investigating Product Form and Product Function Influences on Follower Products? Performance [J]. 2014 (24): 136-148.

[13] Pan Y, Lehmann D R. The Influence of New Brand Entry on Subjective Brand Judgments [J]. Journal of Consumer Research, 1993, 20 (1): 76-86.

[14] Sun X, Guo L, Zheng Z, et al. Market entry barriers for foreign direct investment and private investors: Lessons from China's electricity market [J]. Energy Strategy Reviews, 2013, 2 (2): 169-175.

[15] Karakaya F, Stahl M J. Barriers to Entry and Market Entry Decisions in Consumer and Industrial Goods Markets [J]. Journal of Marketing, 1989, 53 (April): 80-91.

[16] Han J K, Kim N, Kim H B. Entry Barriers: A Dull-, One-, or Two-Edged Sword for Incumbents? Unraveling the Paradox from a Contingency Perspective [J]. Journal of Marketing, 2001, 65 (1): 1-14.

[17] Karakaya F, Stahl M J. Underlying dimensions of barriers to market entry in consumer goods markets [J]. Journal of the Academy of Marketing Science, 1992, 20 (3): 275-278.

[18] Gable M, Topol M T, Mathis S, et al. Entry barriers in retailing [J]. Journal of Retailing & Consumer Services, 1995, 2 (4): 211-221.

[19] Jung J. Acquisitions or Joint Ventures: Foreign Market Entry Strategy of U. S. Advertising Agencies [J]. Journal of Media Economics, 2004, 17 (1): 35-50.

[20] Ekeledo Ikechi, Sivakumar K. International market entry mode strategies of manufacturing firms and service firms: A resource ased perspective [J]. International Marketing Review, 2004, 21 (1): 68-101.

[21] Taylor C R, Zou S, Osland G E. Foreign market entry strategies of Japanese MNCs [J]. International Marketing Review, 2000, 17 (2): 146-163.

[22] Narasimhan C, Zhang Z J. Market Entry Strategy Under Firm

Heterogeneity and Asymmetric Payoffs [J]. Marketing Science, 2000, 19 (4): 313-327.

[23] Pan Y, Tse D K. The Hierarchical Model of Market Entry Modes [J]. Journal of International Business Studies, 2000, 31 (4): 535-554.

[24] Kalish S, Lilien G L. A Market Entry Timing Model for New Technologies [J]. Management Science, 1986, 32 (2): 194-205.

[25] Shankar V, Krishnamurthi L. Late Mover Advantage: How Innovative Late Entrants Outsell Pioneers [J]. Journal of Marketing Research, 1998, 35 (1): 54-70.

[26] Lieberman M B, Montgomery D B. First-mover (dis) advantages: retrospective and link with the resource-based view [J]. Strategic Management Journal, 1998, 19 (12): 1111-1125.

[27] Shankar V, Krishnamurthi L. The Advantages of Entry in the Growth Stage of the Product Life Cycle: An Empirical Analysis [J]. Journal of Marketing Research, 1999, 36 (2): 269-276.

[28] Turnbull P W, Leek S, Ying G. Customer Confusion: The Mobile Phone Market [J]. Journal of Marketing Management, 2000, 16 (1): 143-163.

[29] Meenaghan J A. Commercial sponsorship [J]. European Journal of marketing, 1983, 17 (7): 5-73.

[30] Gardner M P, Shuman P J. Sponsorship: an important component of the promotions mix [J]. Journal of Advertising, 1987, 16 (1): 11-17.

[31] Howard D R, Crompton J L. Financing sport [M]. Morgantown: Fitness Information Technology, 1995.

[32] Walliser B. An international review of sponsorship research: extension and update [J]. International journal of advertising, 2003, 22 (1): 5-40.

[33] Maxwell J. Qualitative research design: An interactive approach [J]. Applied Social Research Methods Series, 1996 (41): 93.

[34] Sandler D M, Shani D. Olympic Sponsorship vs "ambush" marketing: Who gets the gold? [J]. Journal of Advertising Research, 1989,

29 (4): 9-14.

[35] Hoek J A, Gendall P, West R. The role of sponsorship in marketing planning selected New Zealand companies [J]. New Zealand Journal of Business, 1990 (12): 87-95.

[36] Geng, Burton, Blackmore. Sport Sponsorship in China: Transition and Evolution [J]. Sport Marketing Quarterly, 2002, 11 (4): 20-32.

[37] Schaaf P. Sport marketing: It's not Just a Game Anymore [M]. New York: Prometheus Book, 1995.

[38] McCarville R E, Copeland R P. Understanding sport sponsorship through exchange theory [J]. Journal of Sport Management, 1994, 8 (2): 102-114.

[39] Crimmins J, Horn M. Sponsorship: From Management Ego Trip to Marketing Success [J]. Journal of Advertising Research, 1996, 36 (4).

[40] Anderson N H. Ptimacy Effects in Personality Impression Formation Using A Generalized Order Effect Paradigm [J]. Journal of Personality & Social Psychology, 1965, 2 (1): 1-9.

[41] Tan L, Ward G. A recency-based account of the primacy effect in free recall [J]. Journal of Experimental Psychology Learning Memory & Cognition, 2000, 26 (6): 1589-1625.

[42] Lind E A, Kray L, Thompson L. Primacy Effects in Justice Judgments: Testing Predictions from Fairness Heuristic Theory [J]. Organizational Behavior & Human Decision Processes, 2001, 85 (2): 189-210.

[43] Vinokur A, Ajzen I. Relative importance of prior and immediate events: A causal primacy effect [J]. Journal of Personality & Social Psychology, 1982, 42 (5): 820-829.

[44] Yates J F, Curley S P. Contingency judgment: primacy effects and attention decrement [J]. Acta Psychologica, 1986, 62 (3): 293-302.

[45] Reed P, Morgan T A. Resurgence of response sequences during extinction in rats shows a primacy effect [J]. Journal of the Experimental

Analysis of Behavior, 2006, 86 (3): 307-315.

[46] Gundlach E. The Primacy of Institutions Reconsidered: The Effects of Malaria Prevalence in the Empirics of Development [J]. Ssrn Electronic Journal, 2004.

[47] Davelaar E J. A Novelty-Induced Change in Episodic (NICE) Context Account of Primacy Effects in Free Recall [J]. Psychology, 2013, 4 (9): 695-703.

[48] Reed Phil. Relative Novelty Does Not Explain Primacy Effects in Rats' Memory for Serially Presented Novel Flavors? [J]. Learning & Motivation, 2000, 31 (2): 99-113.

[49] Barnette J J. Likert Survey Primacy Effect in the Absence or Presence of Negatively-Worded Items [J]. Research in the Schools, 2001 (8): 77-82.

[50] Karuza E A, Li P, Weiss D J, et al. Sampling over Nonuniform Distributions: A Neural Efficiency Account of the Primacy Effect in Statistical Learning [J]. Journal of Cognitive Neuroscience, 2016 (10): 1-17.

[51] Porter R H, Etscorn F. A primacy effect for imprinting in spiny mice (Acomys cahirinus) [J]. Behavioral Biology, 1976, 15 (4): 511-517.

[52] Kamp S M, Forester G R, Murphy A R, et al. Testing a distinctiveness explanation of the primacy effect in free recall using event-related potentials: Conference of the Cognitive Science Society [C]. 2012.

[53] Noguchi K, Kamada A, Shrira I. Cultural differences in the primacy effect for person perception [J]. International Journal of Psychology, 2014, 49 (3): 208-210.

[54] Luchins A S, Luchins E H. Primacy Effects and the Nature of the Communications: Movie Pictures [J]. Journal of General Psychology, 1984, 110 (1): 11-22.

[55] Martin N, Bunta F. Effects of lexical processing on primacy effects in repetition of words and nonwords: Evidence from aphasia [J]. Brain & Language, 2007, 103 (1): 183-184.

[56] Rywick T. Primacy effects in impression formation as a function of

type of impression [J]. Psychonomic Science, 1971, 25 (4): 195-196.

[57] Hendrick C, Costantini A F. Number averaging behavior: A primacy effect [J]. Psychonomic Science, 1970, 19 (2): 121-122.

[58] Brueggen K, Kasper E, Dyrba M, et al. Association of Hippocampal REesting State Networks and the Primacy Effect as A Maker of Consolidation in Amnetic MCI [J]. Alzheimers & Dementia the Journal of the Alzheimers Association, 2016, 12 (7): 32-33.

[59] Erkel P F A V, Thijssen P. The first one wins: Distilling the primacy effect [J]. Electoral Studies, 2016 (44): 245-254.

[60] Jarvik M E. Probability learning and a negative recency effect in the serial anticipation of alternative symbols [J]. Journal of Experimental Psychology, 1951, 41 (4): 291-297.

[61] Carlesimo G A, Marfia G A, Loasses A, et al. Recency effect in anterograde amnesia: evidence for distinct memory stores underlying enhanced retrieval of terminal items in immediate and delayed recall paradigms [J]. Neuropsychologia, 1996, 34 (3): 177-184.

[62] Vallar G, Papagno C. Phonological short-term store and the nature of the recency effect: Evidence from neuropsychology [J]. Brain & Cognition, 1986, 5 (4): 428-442.

[63] Jones M, Sieck W R. Learning myopia: an adaptive recency effect in category learning [J]. Journal of Experimental Psychology Learning Memory & Cognition, 2003, 29 (4): 626-640.

[64] Carlesimo G A, Marfia G A, Loasses A, et al. Recency effect in anterograde amnesia: evidence for distinct memory stores underlying enhanced retrieval of terminal items in immediate and delayed recall paradigms [J]. Neuropsychologia, 1996, 34 (3): 177-184.

[65] Jones M, Sieck W R. Learning myopia: an adaptive recency effect in category learning [J]. Journal of Experimental Psychology Learning Memory & Cognition, 2003, 29 (4): 626-640.

[66] Guiral A, Gonzalo-Angulo J A, Rodgers W. Information content and recency effect of the audit report in loan rating decisions [M]. 2007.

［67］Guiral-Contreras A，Gonzalo-Angulo J A，Rodgers W. Information content and recency effect of the audit report in loan rating decisions ［J］. Accounting & Finance，2007，47（2）：284-285.

［68］Pineo O，Miller R R. Primacy and recency effects in extinction and latent inhibition：a selective review with implications for models of learning ［J］. Behavioural Processes，2005，69（2）：223-235.

［69］Furnham A. The Robustness of the Recency Effect：Studies Using Legal Evidence ［J］. Journal of General Psychology，1986，113（4）：351-357.

［70］Bolhuis J J，van Kampen H S. Serial position curves in spatial memory of rats：primacy and recency effects ［J］. Quarterly Journal of Experimental Psychology，1988，40（2）：135-149.

［71］Lancet T. Primacy and recency effects in nonhuman primates ［J］. Journal of Experimental Psychology Animal Behavior Processes，1992，18（4）：335-340.

［72］Russell M L，Spector J，Kelly M. Primacy and Recency effects in the detection of Malingering ［J］. Journal of African History，1993（28）：444-446.

［73］Tsubakimoto M，Akahori K. Development and Evaluation of a Tool to Reduce Recency Effect in Human Report Evaluation ［J］. Japan Journal of Educational Technology，2007（30）：275-282.

［74］Isarida T. Role of Output Interference on Long-Time Recency Effects ［J］. Japanese Journal of Psychology，1989，60（1）：24-30.

［75］Harvey A J. The origins of the recency effect in free and serial recall ［J］. University of Reading，2006.

［76］Lei J，Lemmink J. Negative Spillover in Brand Portfolios：Exploring the Antecedents of Asymmetric Effects ［J］. Journal of Marketing A Quarterly Publication of the American Marketing Association，2013，72（3）：111-123.

［77］Bronnenberg B J，Wathieu L. Asymmetric Promotion Effects and Brand Positioning ［J］. Fuel & Energy Abstracts，1996，36（4）：323.

[78] Matzler K, Stieger D, Fller J. Consumer Confusion in Internet-Based Mass Customization: Testing a Network of Antecedents and Consequences [J]. Journal of Consumer Policy, 2011, 34 (2): 231-247.

[79] Martn S S, Camarero C. Consumer Reactions to Firm Signals in Asymmetric Relationships [J]. Journal of Service Research, 2005, 8 (8): 79-97.

[80] Collins A M, Loftus E F. A Spreading Activation Theory of Semantic Processing [J]. Readings in Cognitive Science, 1988, 82 (6): 126-136.

[81] Chen T, Lin F. Using Relationship Norms to Create Appropriate Relationship Value: Evidence From the Credit Card Industry [J]. Journal of Relationship Marketing, 2011, 10 (1): 28-42.

[82] Pankaj Aggarwal. The effects of brand relationship norms on consumer attitudes and behavior [J]. Journal of Consumer Research, 2004, 31 (1): 1-16.

[83] Okada A. Analysis of Asymmetric Relationships Among Soft Drink Brands [M]. Springer International Publishing, 2014.

[84] Siano A, Basile G. Brand-Consumer Relationship: From Attractiveness to Commitment [J]. International Journal of Management Cases, 2009, 11 (2): 42-51.

[85] Sweeney J C, Chew M. Understanding Consumer-Service Brand Relationships: A Case Study Approach [J]. Australasian Marketing Journal, 2002, 10 (2): 26-43.

[86] Valta Katharina S. Do relational norms matter in consumer-brand relationships? [J]. Journal of Business Research, 2013, 66 (1): 94-98.

[87] Nguyen T D, Nguyen T T M. An Examination of Selected Marketing Mix Elements and Brand Relationship Quality in Transition Economies: Evidence From Vietnam [J]. Journal of Relationship Marketing, 2011, 10 (1): 43-56.

[88] Lim Y M. Consumer Evaluation of a Vertical Brand Extension in the Lodging Industry: Relationships among Brand Trust, Band Loyalty,

Brand Distance, and Brand Extension [J]. Virginia Tech, 2013.

[89] Nyffenegger B. Consumer-Brand Relationships [M]. Books on Demand, 2010.

[90] Hsiao Chih Hui, Shen George C., Chao Pei Ju. How does brand misconduct affect the brandustomer relationship? [J]. Journal of Business Research, 2015, 68 (4): 862-866.

[91] Fetscherin M, Heilmann T. Brand Relationships Rule [M]. Palgrave Macmillan UK, 2015.

[92] Meyers-Levy J, Sternthal B. A Two-Factor Explanation of Assimilation and Contrast Effects [J]. Journal of Marketing Research, 1993, 30 (3): 359-368.

[93] Van D Z K, Oldersma F, Buunk B P, et al. Social comparison preferences among cancer patients as related to neuroticism and social comparison orientation [J]. Journal of Personality & Social Psychology, 1998, 75 (3): 801-810.

[94] Lockwood P, Kunda Z. Superstars and Me: Predicting the Impact of Role Models on the Self [J]. Journal of Personality & Social Psychology, 1997, 73 (1): 91-103.

[95] Olson, James S. The Philosophy of Herbert Hoover: a Contemporary Perspective [J]. 1976, 43 (3).

[96] Pieters R, Koelemeijer K, Roest H. Assimilation processes in service satisfaction formation [J]. International Journal of Service Industry Management, 1995, 6 (3): 17-33.

[97] Schwarz N, Bless H. Assimilation and Contrast Effects in Attitude Measurement-an Inclusion Exclusion Model [J]. Advances in Consumer Research, 1992, 47 (1): 32-38.

[98] Pieters R, Koelemeijer K, Roest H. Assimilation processes in service satisfaction formation [J]. International Journal of Service Industry Management, 1995, 6 (3): 17-33.

[99] Neff Donna L. Confusion effects with sinusoidal and narrow and noise forward maskers [J]. Journal of the Acoustical Society of America,

1986，79 (5)：1519-1529.

[100] Olsen G D, Pracejus J W, Brown N R. When Profit Equals Price：Consumer Confusion About Donation Amounts in Cause-Related Marketing [J]. Journal of Public Policy & Marketing，2013，22 (2)：170-180.

[101] Craven S. Consumer confusion from own brand lookalikes：An exploratory investigation [J]. Journal of Marketing Management，1997，13 (4)：299-313.

[102] Diamond S A. Protect Your Trademark By Proper Usage [J]. Journal of Marketing，1962，26 (3)：17-22.

[103] Kohli C. Branding consumer goods：insights from theory and practice [J]. Journal of Consumer Marketing，1997，14 (3)：206-219.

[104] Fraccastoro K A, Karani K S, Shelton J. The effects of order of prices on customers' confidence levels [J]. Journal of Management & Marketing Research，2013.

[105] Mitchell V W, Papavassiliou V. Marketing causes and implications of consumer confusion [J]. Journal of Product & Brand Management，1999，8 (4)：319-342.

[106] Mitchell V, Papavassiliou V. Exploring consumer confusion in the watch market [J]. Marketing Intelligence & Planning，1997，15 (4)：164-172.

[107] Chen Y S, Chang C H. Greenwash and Green Trust：The Mediation Effects of Green Consumer Confusion and Green Perceived Risk [J]. Journal of Business Ethics，2013，114 (3)：489-500.

[108] Vol. N. Towards a Conceptual Model of Consumer Confusion [J]. Advances in Consumer Research，2005 (32)：143-150.

[109] Mitchell V, Papavassiliou V. Marketing causes and implications of consumer confusion [J]. Journal of Product & Brand Management，1999，8 (4)：319-342.

[110] Mitchell V, Walsh G. The effect of consumer confusion proneness on word of mouth, trust, and customer satisfaction [J].

European Journal of Marketing, 2010, 44 (6): 838-859.

[111] Palmer D, Hedberg T. The Ethics of Marketing to Vulnerable Populations [J]. Journal of Business Ethics, 2013, 116 (2): 403-413.

[112] Warlopa L, Ratneshwarb S, Osselaerc S M J V. Distinctive brand cues and memory for product consumption experiences [J]. International Journal of Research in Marketing, 2005, 22 (1): 27-44.

[113] Giess R. The Effect of Presentation Mode on Consumer Brand Confusion in the Marketplace: Developing Foundations for a Valid Measure [D]. UQ Theses (non-RHD) — UQ staff and students only, 2010.

[114] Liu G Y, Wang P. The Impact of Sports Brand-Origin Confusion on Brand Image Perception: The Moderating Effect of Brand Awareness [J]. China Sport Science & Technology, 2013, 36 (5-6): 274-282.

[115] Zhuang G, Wang X, Zhou L, et al. Asymmetric effects of brand origin confusion: Evidence from the emerging market of China [J]. International Marketing Review, 2008, 25 (4): 441-457.

[116] Marsh H W. Big-Fish-Little-Pond Effect on Academic Self-Concept [J]. Journal of Educational Psychology, 1987, 79 (3): 280-295.

[117] Hovland C I, Harvey O J, Sherif M. Assimilation and contrast effects in reactions to communication and attitude change [J]. Journal of Abnormal & Social Psychology, 1957, 55 (2): 244-252.

[118] Cash T F, Cash D W, Butters J W, et al. "Mirror, Mirror, on the Wall...?": Contrast Effects and Self-Evaluations of Physical Attractiveness [J]. Personality & Social Psychology Bulletin, 1983, 9 (3): 351-358.

[119] Haddock G. Making a Party Leader Less of a Party Member: The Impact of Ambivalence on Assimilation and Contrast Effects in Political Party Attitudes [J]. Political Psychology, 2003, 24 (4): 769-780.

[120] Geers A L, Lassiter G D. Affective Assimilation and Contrast: Effects of Expectations and Prior Stimulus Exposure [J]. Basic and Applied Social Psychology, 2005, 27 (2): 143-154.

[121] Keller M W, Feinstein S B, Watson D D. Successful left ventricular opacification following peripheral venous injection of sonicated

contrast agent: an experimental evaluation [J]. American Heart Journal, 1987, 114 (3): 570-575.

[122] Ogawa S, Lee T M, Kay A R, et al. Brain magnetic resonance imaging with contrast dependent on blood oxygenation [J]. Proceedings of the National Academy of Sciences of the United States of America, 1990, 87 (24): 9868-9872.

[123] Satomura T, Wedel M, Pieters R. Copy Alert: A Method and Metric to Detect Visual Copycat Brands [J]. Journal of Marketing Research, 2014, 51 (1): 1-13.

[124] Horen Femke Van, Pieters Rik. Consumer evaluation of copycat brands: The effect of imitation type ? [J]. International Journal of Research in Marketing, 2012, 29 (3): 246-255.

[125] Hofstadter D R, Mitchell M. The Copycat project: A model of mental fluidity and analogy-making [M]. Basic Books, Inc., 1995.

[126] Frank M M, Shoven J B. Copycat Funds: Information Disclosure Regulation and the Returns to Active Management in the Mutual Fund Industry [J]. The Journal of Law and Economics, 2004, 47 (2): 515-541.

[127] Moran A. Copycat television: globalisation, program formats and cultural identity [M]. University of Luton Press, 1998.

[128] Jeong J, Shin S D, Kim H, et al. The effects of celebrity suicide on copycat suicide attempt: a multi-center observational study [J]. Social Psychiatry and Psychiatric Epidemiology, 2012, 47 (6): 957-965.

[129] Zafrulla Z, Brashear H, Presti P, et al. CopyCat: An American Sign Language game for deaf children: IEEE International Conference on Automatic Face & Gesture Recognition and Workshops, 2011 [C].

[130] Jeong J, Shin S D, Kim H, et al. The effects of celebrity suicide on copycat suicide attempt: a multi-center observational study [J]. Social Psychiatry and Psychiatric Epidemiology, 2012, 47 (6): 957-965.

[131] Lewis A J A. Adaptive representation in a behavior-based robot: an extension of the copycat architecture, 2001 [C].

[132] Pelham B W, Wachsmuth J O. The waxing and waning of the

social self. Assimilation and Contrast in Social Comparison，69，825-838 [J]. Journal of Personality & Social Psychology，1995，69（5）：825-838.

［133］Stapel D A，Koomen W. Distinctiveness of others，mutability of selves：Their impact on self-evaluations [J]. Journal of Personality & Social Psychology，2000，79（6）：1068-1087.

［134］Lockwood P. Could it happen to you? Predicting the impact of downward comparisons on the self [J]. Journal of Personality & Social Psychology，2002，82（3）：343-358.

［135］Mussweiler T. Comparison processes in social judgment：mechanisms and consequences [J]. Psychological Review，2003，110（3）：472-489.

［136］Geli M V，Lemus J S A，Serrano D，et al. Short Note：Using primed exemplars during impression formation：interpretation or comparison? [J]. European Journal of Social Psychology，2012，42（6）：1053-1064.

［137］Markman K D，Mcmullen M N. A reflection and evaluation model of comparative thinking [J]. Personality & Social Psychology Review，2003，7（3）：244-267.

［138］Hanko K，Crusius J，Mussweiler T. When I and me are different：Assimilation and contrast in temporal self-comparisons [J]. European Journal of Social Psychology，2010，40（1）：160-168.

后 记

　　本书以赞助为具体研究背景，以首因效应和近因效应为自变量，非对称品牌关系与跟随定位为调节变量，同化效应和对比效应为中介变量，通过实验法与调查法，对赞助跟随效果、重要影响因素和心理机制进行研究。本书的研究有理论创新、研究视角创新、研究领域创新和实践应用创新几方面。真诚希望本书出版后，有助于社会各界同仁朋友的相关研究，并欢迎同仁朋友们对本书内容提出宝贵的意见，以便我们及时改进。

　　本书的编写由王虹总负责，其编写了书内容的前四章，胡波编写书内容的第五、六章，张永韬编写书内容的第七、八章，沈曼莎编写书内容的第九、十章，书里涉及的制表和绘图由胡波和张永韬共同完成，书的后记及校对等由沈曼莎负责完成。

　　本书集中反映了体育研究与实验的成果，凝聚了参与体育研究实验者、老师和同学的集体智慧。我们感谢所有对本书的编写、出版提供过帮助与支持的同仁和社会各界朋友，以及整体设计艺术指导等。